シリーズ「特別の教科 道徳」を考える
1

「特別の教科 道徳」が担う
グローバル化時代の道徳教育

渡邉 満
押谷由夫
渡邊隆信
小川哲哉 編

北大路書房

シリーズ刊行の辞

　1958（昭和33）年に始まった「道徳の時間」が，ついに「特別の教科　道徳」という名称の教科となる。小学校は2018（平成30）年度より，中学校は2019（平成31）年度より実施される。それまでは移行期間とされており，国でも学習指導要領の改正，その解説の策定，教科であることから必要となる教科書検定の基準づくり，そして評価の基準や具体的な手引きづくりを進め，順次公表している。学校や教育委員会では，それらを注視しながら教科化実施に向けて準備が行われていることと思われる。しかし，そのなかで多くの不安や疑問の声も聞かれる。また一方で，その不安や疑問を打ち消すかのように，何も変わらないのだと優しく語りかける声も聞こえてくる。四半世紀にわたって学校の道徳教育に取り組んできた者には，この事態は異様に思えてくる。「道徳教育の充実に関する懇談会」や「中央教育審議会」では，来る学習指導要領の全面改正をにらみながら，60年近く展開されてきた「道徳の時間」を批判的に検討し，大きく変動しつつある現代社会にふさわしい道徳教育の模索が行われてきた。

　一体，どちらが正しいのか。それぞれにはそれぞれの思惑があるに違いないのだが，学校における道徳教育の今とこれからを考えると，答えはもう決まっているではないか，というのが編者たちの思いである。その理由は単純である。教育は「近代の未完のプロジェクト」だからである。学校における公教育が産声を上げて200年以上経過しているが，未だに世界では学校改革が叫ばれている。わが国に学校が登場したのは，1872（明治5）年だが，144年前のことである。その間幾度となく教育改革が叫ばれ，その中心に道徳教育があった。

　今また，教育改革が行われ，道徳教育がその先頭に位置する。ここで考える必要があるのは，この時代の課題にふさわしい，グローバル化に象徴されるどのような改革の中身が必要かである。どのような道徳教育が求められるのか，どのような道徳の授業が必要なのかである。今すべきは，それを創造的に考えることではないか，というのが本書でのわれわれの思いである。

　そのため，本書を含むシリーズは，道徳教育の教科化に際して，時代の課題や子どもたちの課題に焦点をおいて，それらの課題に取り組むことができる道

徳教育，特に道徳授業の一つの新しい形を提案しようと企画された。その内容はこの四半世紀満を持して用意してきたものである。そのために本書は3巻本という形を取っている。第1巻は新しい時代の道徳教育と道徳授業の新しい方向を探って，教員養成及び教師教育のテキストあるいは参考図書となることを期している。第2巻と第3巻は，第1巻の理論的な枠組みを踏まえて，各々小学校と中学校における「特別の教科　道徳」（道徳科）の目標と方法を確認しながら，今日的な課題に応える道徳授業の実践を豊富に盛り込んでいる。

その際，各巻のそれぞれの章では，新指導要領における内容項目の再編を念頭に置き，1時間1内容項目という従来の形にこだわらず，複数の内容項目にまたがる授業構成を積極的に採用し，2時間扱いの授業形態を取りながらじっくり話し合い，討論を行うことを大切にしている。また同時に，価値内容の学習にとどまらず，自己中心的な考え方，規範意識の低下，コミュニケーション能力の低さ，人間関係調整能力の弱さ，自尊感情の低さなどの，今日の子どもたちの諸課題に対応するために，児童生徒が主体的に考える学習に取り組み，実践的な力を獲得できるようにしている。そして，各授業はたんなる思いつきの寄せ集めにならないよう，学習や教育についての最新の議論や理論を導入して，現代社会を生きるために必要な力と生き方を育てる「問題解決的な学習」と「道徳授業にふさわしい評価」を組み込んだ授業となるよう努めている。

上記のような各授業では，共通して討論・話し合いが中心的な学習活動として位置づけられている。しかも，たんなる意見の出し合いではなく，多様な意見を多面的・多角的に出し合いながら，それで終わることなく，ねらいで設定されている課題を解決することに子どもたちが主体的に取り組める討論・話し合いをめざしている。そのためにハーバーマス（Habermas, J.）の「コミュニケーション的行為の理論」とトゥールミン（Toulmin, St.）の議論のモデルを基盤にして討論・話し合いのルールを設定している。このルールに基づく話し合いこそが主体的な学習を具体化し，問題の解決を可能にする。そして子どもたちの成長・発達を確かなものにしてくれると考えている。読者諸兄姉にはその授業実践の参考にしていただいて，その結果を踏まえたご意見やご批判をお聞かせいただきたい。

2016年1月

編者代表　渡邉　満

はしがき

　渡邉教育学には，2本の大きな柱が存在している。1つは，近代教育の祖，ペスタロッチー（Pestalozzi, J.H.）の教育思想研究に基づくもの，いま1つは，ハーバーマス（Habermas, J.）のコミュニケーション的行為理論を基盤とするもので，こちらは道徳教育の理論的・実践的研究として展開されている。

　もちろん両者は，渡邉先生がその学位論文の掉尾に記しているように，通底するものではある。渡邉教育学の描くペスタロッチーによれば，教育は完成されることのない近代固有の人間に課された避けられない行為であって，「他者による自己教育」のアポリアは共同的・人間的な，つまりコミュニケーション的な関係においてのみ遂行されうる。現代，我々の生きるポスト形而上学の時代において，ペスタロッチーに始まる近代のアポリアを解決する糸口は，ハーバーマスのコミュニケーション的行為理論を教育的行為理論として再構成することにある，という言葉で学位論文は締めくくられている。

　まず，1つ目のペスタロッチー研究については，1976年に先生が広島大学教育学研究科に提出した修士論文『ペスタロッチーの自然思想と教育学』を起点として，以後ペスタロッチー『探究』やその政治性に関する研究，『メトーデ』に関する研究，さらにペスタロッチーをフレーベルやシュライエルマッハーと比較思想的に考察した研究として発展し，1994年博士学位論文『ペスタロッチー教育思想の宗教的基礎に関する研究』（広島大学）において結実している。

　次に，コミュニケーション的行為理論に関わる研究については，渡邉先生はすでに大学院学生の時代から関心を寄せ，文献的学修を始めていた。ハーバーマスの翻訳書が多く出版されたのは1980年代からといってよいであろうが，当然ドイツではそれに先だって，多くの教育学研究者がフランクフルト学派やハーバーマスの理論的影響を受けた教育学を展開しつつあった。ドイツでは戦後，精神科学的教育学が主要潮流をなし，それに実証科学的教育学が対抗する図式があったが，そこにハーバーマス等を基礎理論とするいわゆる「解放的教育学」が登場し，一躍注目される状況になっていた。私事になるが，渡邉先生は「はしがき」筆者の2年先輩として，ちょうどこの時期に同じく広島大学大

学院教育学研究科教育哲学研究室でともに学んでいた。筆者の手許には，当時「解放的教育学」の旗手とも見なされた K. Mollenhauer: Theorien zum Erziehungsprozess（1972）の渡邉満訳稿が残っている。その論稿の主題は「コミュニケーション的行為としての教育」であり，「相互行為としての教育」である。渡邉先生は，これらをさらに発展させて「コミュニケーション的行為理論による道徳教育基礎理論の探究」や「コミュニケーション的行為理論とコールバーグの道徳性発達理論の連結による道徳教育の創造」を提起している。

もちろんこの2本の柱の周りには，教員養成に関する研究，教育科学理論に関する研究，ドイツ教育学史に関する研究等々，多くの支柱があり，それらがあいまって教育哲学・教育思想研究を核とする渡邉教育学の世界を構築している。

本論集は，渡邉満先生が岡山大学を定年ご退職されるにあたり，先生の周囲に集う研究者，教え子たちが先生への敬意と祝意を表して，編纂されたものである。渡邉先生のお人柄，度量の広さ，面倒見の良さから多くの先生を慕う関係者が力作を寄せている。時あたかも，「道徳」が特別の教科として位置づけられ，グローバル化社会の大きな変動と重なって，道徳教育は重要な転換期を迎えている。今日求められる道徳の在りよう，基本的根本的な道徳原理論から，具体的に学校教育さらに教室の授業のなかでの道徳指導論まで，広範でかつ喫緊の課題に応えうる論攷が出揃ったことは，誠に有り難く感謝申し上げたい。本書を含め，全3巻にわたる論集の刊行を成し遂げた，この道徳教育研究者・実践者の集団は，これからの我が国の道徳教育を牽引し，さらにグローバルな観点での道徳教育課題に取り組み，成果を発信していくことのできる大きな力を有している。渡邉先生を先達として，多くの優秀な執筆者たちがこれからの道徳教育の進展にますます寄与貢献されることを願ってやまない。

2015年12月

広島大学理事・副学長　坂越正樹

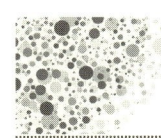

目 次

シリーズ刊行の辞　i
はしがき　iii

序章　学校教育の基盤に位置づく道徳教育の課題
　　　　──グローバル化する現代社会において教育と道徳教育をどのように考えるか──　1
1．はじめに　1
2．教育と道徳教育の何が問題なのか　2
3．学校教育の基本方略の見直しの必要性　5
4．学校における道徳教育の意義　7
5．道徳学習の新しい在り方　9

第Ⅰ部　グローバル化する現代社会における道徳教育

第1章　討議倫理学における「合意」の意義　19
1．はじめに　19
2．道徳教育における正しさの問題　20
3．討議倫理学の意義──カントの立法の限界を超える──　22
4．社会構成主義による討議倫理学への批判　24
5．討議倫理学における「合意できない」ということの意味　27
6．おわりに　30

第2章　ポスト形而上学の時代における道徳教育
　　　　──ハーバーマスと価値多元化社会の道徳──　33
1．はじめに　33
2．道徳哲学や倫理学における道徳観の変遷　34
3．ハーバーマスの討議倫理学　37
4．価値多元化社会の道徳とハーバーマスの討議倫理学に基づく道徳教育　41
5．討議倫理学に基づく道徳教育の課題　45

v

第3章　承認論と道徳教育
　　　　　──テイラーとハーバーマスの比較から──　47
　1．はじめに　47
　2．テイラーの承認論─人間の生における背景の重大性／コミュニタリズム─　48
　3．ハーバーマスの承認論─普遍的な人権尊重／リベラリズム─　50
　4．テイラーとハーバーマス─差異志向と普遍志向の相補性─　53
　5．道徳教育の原理─「差異の原理」／「平等の原理」─　54
　6．おわりに　57

第4章　言語ゲームと道徳教育　61
　1．はじめに　61
　2．ウィトゲンシュタインの言語ゲーム論　62
　3．言語使用の規範性の習得　63
　4．ウィトゲンシュタイン哲学の含意　68
　5．おわりに　72

第5章　公共性と道徳教育　75
　1．はじめに　75
　2．公共性の概念　76
　3．ハーバーマスにおける「公共性」概念　78
　4．アレントの「公共性」概念　81
　5．デューイにおける「公的なもの」の概念　83
　6．おわりに　85

第Ⅱ部　学校におけるこれからの道徳教育

第6章　道徳教育の歴史的展開と「特別の教科　道徳」
　　　　　──道徳教育の目標を中心に──　91
　1．はじめに　91
　2．戦前の道徳教育　91
　3．戦後の道徳教育　94
　4．「特別の教科　道徳」の導入　100

5．おわりに　103

第7章　子どもの主体的な道徳学習の構想
―新学習指導要領が求める道徳教育の内容と方法―　105
1．はじめに　105
2．学校における道徳教育の指導内容　106
3．現在や未来の生活につながる道徳学習　108
4．議論する力を育てる道徳学習　112

第8章　生命倫理と道徳　117
1．はじめに　117
2．学習指導要領・中学校道徳科における生命倫理の位置づけ　117
3．生命倫理の主な課題　119
4．道徳科でどのように生命倫理を取り上げていくか　124
5．おわりに　128

第9章　生き方を考える道徳教育の意義
―「偉人伝」をどう解釈するか―　131
1．はじめに　131
2．子どもの興味を喚起する道徳教育―伝記を活用した修身教授の問題点―　133
3．理想的人間像の確立と伝記の教育学的構成―唐澤富太郎の道徳教育論―　136
4．学習者の生き方を問う道徳教育―伝記教材「田中正造」の場合―　139
5．おわりに　142

第10章　道徳の時間から道徳科への転換
―その目標を踏まえた評価の在り方についての論点整理―　145
1．はじめに　145
2．道徳の時間から道徳科への転換　145
3．道徳科の目標を手掛かりに―目標概念の基本的構造―　148
4．道徳科における評価の記述を手掛かりに　151
5．おわりに―道徳科の指導と評価の改善・充実を図るために―　156

第11章　小中学校における道徳授業の多様な展開　159
　1．はじめに―道徳授業に期待されること―　159
　2．従来型道徳授業に対する批判の論点　160
　3．さまざまな道徳授業　163
　4．総合単元的学習としてのカリキュラムへの位置づけ　169

第12章　高校における道徳教育の開発
　　　　　　―茨城県の事例を中心に―　173
　1．はじめに　173
　2．茨城県における高校道徳の導入の経緯と現状　174
　3．茨城県の道徳教育推進事業について　178
　4．討議型道徳授業の可能性　179
　5．おわりに　183

第13章　道徳の授業で求められる教師の力量形成
　　　　　　―授業の参与観察とリフレクションを通して―　185
　1．はじめに　185
　2．道徳授業研究の概要　186
　3．授業場面での見取り―筆者の視点を通して―　188
　4．授業リフレクション―授業者の視点を通して―　192
　5．推進体制づくりと道徳の指導計画―道徳授業の充実のために―　195
　6．まとめにかえて―教員の力量形成としての道徳研究とは―　198

人名索引　202
事項索引　203
あとがき　205

序　章

学校教育の基盤に位置づく道徳教育の課題
―グローバル化する現代社会において
教育と道徳教育をどのように考えるか―

1．はじめに

　2015（平成27）年3月27日，学習指導要領の一部が改正され，道徳の時間が「特別の教科　道徳」という名称の教科となる。この告示によって，小学校は2018（平成30）年度から，中学校は2019（平成31）年度からの正式実施となる。それまでは移行期間として道徳科の実施が可能となったのであるが，学校の教員の多くから，教科になると何が変わるのか，特に「問題解決的な学習」はどのように進めたらよいのか。評価はどのようにしたらよいのか等々疑問や心配が出されている。

　2015（平成27）年7月には「小学校学習指導要領解説　特別の教科　道徳編」と「中学校学習指導要領解説　特別の教科　道徳編」が文部科学省ホームページで公表されたが，書籍としての出版刊行はされておらず，学校現場では教科となっても基本的には道徳の授業は変わらないのではないかという憶測が広がっているようにも思える。

　しかし，この教科化が発議されたのは「教育再生実行会議第一次提言」2013（平成25）年2月であり，その際，大津市で起きたいじめによる中学生自殺事件とその案件に対する学校や教育委員会の対応の問題が世論による後押しとなったこともあって，「いじめ問題」への対応としての実効性のある道徳教育

が求められたこととも関わっている。このことはそれに続いて開催された「道徳教育の充実に関する懇談会」での議論と報告（2013（平成25）年12月26日）において，これまで学校で実施されてきた道徳教育と「道徳の時間」の授業に対する厳しい反省と見直しを生じさせることとなった。この方向はほぼそのまま，中央教育審議会答申「道徳に係る教育課程の改善について」（2014（平成26）年10月21日）に反映されている。

　この経緯は，今回の教科化がこれまでの学校の「道徳の時間」の授業をそのまま維持できないことを物語っていると考えなくてはならないであろう。しかも，大津市立中学校におけるいじめに関する第三者調査委員会「大津市立中学校におけるいじめに関する第三者調査委員会調査報告書」（2013（平成25）年1月31日）においては，当該中学校が当時取り組んでいた文部科学省指定研究校としての道徳教育の取組について，今日大人社会でさえ，セクハラやパワハラなどさまざまな課題を抱えており，その影響は子どもたちにも及んでいることを踏まえぬまま，これまで多くの学校で行われてきた主人公の気持ちの枠にとどまる道徳授業をなぞるものであり，これでは学校の道徳教育はいじめ問題に対して役に立たないと断じていることも真摯に受け止めなくてはならない。このことは，今日求められている道徳教育や道徳授業の改善は，単に小手先の，あるいは部分的な改善では達成できないことを示しているように思われる。

　そこで，序章では，道徳の教科化の必要性とその実現の可能性について最近の教育学の研究成果を参照し，近代教育が抱える課題，今日の社会の変化とそのなかで子どもたちが直面している課題，そしてその課題に応える教育及び道徳教育の可能性と具体化の方策を提案する。

2．教育と道徳教育の何が問題なのか

(1) 社会の変化と教育の困難さ

　大学で教育研究と教員養成・教師教育の仕事に携わっていて，つくづく思うのは，「教育というのは難しい仕事だ」ということである。誰しも子どもたちの健やかな成長と明るい未来を願って教育に取り組んでいるのだが，それは容易なことではない。特に近頃では，その難しさがますます顕著になっているよ

うに思える。

　その難しさの最大の要因は，教育それ自体が抱えざるを得ない難しい問題とわが国の社会の大きな変化にある。教育とはそれによって子どもが知識・技能や社会のなかでの自分の在り方を学ぶことであるが，教育それ自体が抱える難しさとは，教育の必要性は明確なのであるが，それがどのようにして可能になるかが必ずしも明確でないことにある。知識は多くの場合，言葉によって表現されるが，それは単に記号なのではなく，それぞれ一定の意味を持っている。その意味が分からなければ知識は学べない。意味は知識それ自体に内在するのではなく，それが成立している状況や場に依存している。一般に知識が特定の役割を果たすのは，状況や場に当たる，私たちの広範囲に展開する社会生活のなかであり，その社会生活が知識の意味を規定する。社会それ自体が流動的であれば意味も流動的となり，確定することが困難となる。例えば，江戸時代には社会構造は比較的明確で安定していたから，教育は今日ほど困難とは思われなかったであろう。しかし，明治以後近代社会と呼ばれる社会に変化していくと学校教育がきわめて重要になると同時にその難しさが顕著となってくる。そのために師範学校や種々の教育理論が登場することになる。しかし，それでも教育はやさしくなったわけではない。むしろ社会の複雑化によってますます困難となってきている。

　この困難さを規定しているのは社会の大きな変化である。この変化はわが国だけのものではなく，世界的な規模で生じている変化でもある。消費社会の拡大，政治・経済・産業におけるグローバル化や情報化の進展によって引き起こされる社会の構造的な変化は，産業構造を大きく変えつつある（第4次産業の登場）が，それだけでなく私たちの暮らし，さらには教育さえ大きく変えようとしている。このような変化は，地域での社会生活，また当然家庭生活や親子関係，そして子どもたちの在り方にも影響を及ぼしている。その影響と思われる今日の課題を少なくとも四つあげることができるように思われる。

　1つ目は，「価値観の相対化」である。これは子どもたちの教育にかかわっては深刻に受け止める必要があると，筆者は考えている。「一人ひとりのよさを認めよう」とか，「自分らしさにもっと自信を持とう」という呼びかけは至極当然のことのように思えるが，反面，教育は難しさを増していく。「一人ひ

とりのよさ」や「自分らしさ」は，他者との関係のなかで意味を持つからである。それなのに最初からそれらが主張されると，他者との多様なかかわりは意味を持たなくなるし，子どもである当人にとってはそもそも成長や発達が必要とされなくなる可能性もある。学校の先生方は，わがもの顔にふるまう子どもたちを何とか学習活動に取り組ませようと奮闘しながら，今この問題に日々直面していると筆者には思える。

　2つ目は，「大人と子どもの関係の複雑化」である。私たちの社会ではそもそも大人と子どもはまったく異なる人間である。子どもたちも人間として大人と同等の尊厳が認められなければならないのは当然であるが，だからと言って子どもは大人と同じではない。子どもは大人が持つものを持って生まれてはこないのである。長い時間をかけて，大人として必要なもののほとんどを獲得しなければならない。

　ところが，最近では，豊かな生活のなかで子どもに我慢を求めることも少なくなっているし，情報化の進展により事柄によっては子どもの方がよく知っていることも多くなった。すると，かつては大人と子どもの間に大きな開きが見られたが，今日では表面的にはあまり大きな差異が感じられなくなったということもある。しかし，実際には両者の差は歴然としており，むしろその意味での差は大きくなっているとも言える。ここに大人と子どもの間に奇妙な関係が生じることになる。一見すると近接しているようで，他方では違いが大きくなっているという現象である。このような状況では，良かれと思って子どもに教えようとしたことが拒絶されることがあり，そのために双方に否定的な感情が募ることも出てくる。

　3つ目は，「自己形成空間の消失」である。かつては身の回りにいる大人が直接教えるだけでなく，子どもたち自身が大人の様子をうかがいながら，必要なものを自分たちで学び合い，確かめ合うことのできた場や活動が多様にあった。しかし，今日では残念ながらそれらの多くは姿を消している。大人が教えようとしたことを子どもたちがその意味を探り合うことで素直に受け入れるようになることがあった。隠れん坊など多様な遊びがこれに当たるが，「自己形成空間」とも名づけられているこの場は，上で述べた「大人と子どもの複雑な関係」を克服する貴重なものだったと言えるだろう（高橋，1992）。

4つ目は、「生活世界からの乖離」である。子どもたちの育ちが日常生活の生き生きとした営みからずいぶん離れた所で行われているということである。彼らの生活時間のかなりの部分は家庭と学校で過ごされるから、子どもたちの育ちは家庭や学校のなかでほとんどが行われていることになる。しかし、学校は実生活そのものではない。子どもたちが学校で学ぶのは教科の知識や技能である。それらは生活にすぐ役に立つものばかりではない。上級の学校でさらに学ぶために必要な知識や技能でもある。また、学校はその役割を効果的に果たすために実社会から距離を取って営まれる。実社会で役立つものだけが学習されることになれば、当然偏りも生まれる。

一方、家庭は子どもたちの成長にとってとても大切な場であり、基本的な場と言えるであろう。私たちの社会が複雑になればなるほど、家庭は子どもたちの成長にとってその重要性を増すのであるが、残念ながら、それは子どもたちの家庭での教育が困難になることでもある。当然、学校への依存の度合いが増すことになる。最近、家庭の教育的機能（しつけ）が弱くなっていると指摘されることが多くなったが、上の三つの要因を考慮に入れるなら、ある意味では必然のことでもある。

3．学校教育の基本方略の見直しの必要性

以上のような状況は、家庭教育だけの問題ではない。まさに今学校が置かれているきわめて厳しい状況にも確実に反映している。学校における教育の現状について具体的に見てみると、以下の4点に示されると筆者は考えている。

　①思考の心情的側面への傾斜傾向
　②知識や価値・規範の伝達となった教育
　③知識や価値・規範と行為や生活との分離
　④モノローグ的学習に基づく授業

これらの問題は、学校における学習活動のなかで展開している子どもたちの学習を支えている学習活動と、そこに見られる思考の特徴である。子どもたち

が学び，身につけるべきものは科学的な知識や科学的に考える力であり，筋道を立てて考え，自己表現を行う力である。ところが，現実はきわめて心情的に偏った思考が幅をきかせているのである。これは知識が心情にからめとられ，知識が私的なものとしてのみ身につけられ，実際の生活や物事と対応してない状態にとどまっているということだと思われる。また，学校では，社会生活やそこでの自己の在り方の基盤にある価値や規範，そしてそれらを担う健全な身体や健康が学ばれ，形成されるのだが，これらの学習も子どもたちが生活し，育っている生活の場につながらなければ，単なる伝達となり，自分のものとすることができない。たとえば単に数字に表された健全さや健康はあまり意味を持たない。日常の生活を特に病気もなく前向きに元気に送れることこそ基本ではないだろうか。ところが，実際は何か一つの標準に振り回され，健康ブームや過剰なダイエットに走って，根拠もなく一人悩んだりすることとなりやすい状況がある。

　やはり大切なことは，社会や生活の実際がまずあって，そことのつながりを常に確かめながら学校の学習が行われていくことなのではないだろうか。上でも述べたように，私たちは日常生活のなかで様々なことに出合い，様々な課題にぶつかり，それらを何とか解決するために考えたり，判断したり，行動している。そこでは様々なことやものがつながっていて，結構複雑な様相を呈してはいるが，現実的な世界である。この世界の特徴は，一つは様々なものがつながり合っているゆえの複雑さということにあるが，もう一つは一人だけの思いや考えによってできているのではなく，多くの人々がそれぞれの思いや考えを持ちながら，それでも何とかそれらをすりあわせながら成り立っているということである。もっと正確に言えば，そうであるように常に多くの人たちが思いや考えを確かめ合っていると言ったらよいであろう。すると，そこでは一人で考えることだけが基本とは言えないことになる。むしろ他の人々とつながって考えている自分がいて，その上で，自分は他の人とどこが同じで，どこが違うかを考えることが大切になる。たしかに，自分らしさも大切であるから，いつもすべてが同じというわけにはいかない。しかし，最近はこちらの方が一面的に注目されているが，もう一方を忘れてはならないはずである。

　ところが，学校ではともすれば一方に偏りがちになる。教室にはだいたい30

数人の子どもたちがいるが，同じことを一人ひとりで学習していることが多いのが現状である。④のモノローグ（ダイアローグの反対）的学習というのはそういう意味である。これでは理屈に合わない。違いだけが強調されて同じはずの部分が軽視されている。最近，他の人と同じであることに過度に気をつかう子どもが増えているとも言われる。これは考えてみれば当たり前のことである。みんなで同じ部分を確かめ合っていればこんなことはないはずである。やはり教室のなかでの学習が，外に開かれていないことに決定的な原因があると言える。教室を外に開くこと，学校を外に開くこと，これこそ今もっとも必要なことだと思われる。それは物理的に開くという意味ではない。当然，学習の基本的な在り方（内容と方法）を開くという意味である。

4．学校における道徳教育の意義

　以上のことを踏まえて，今日の学校における道徳教育の在り方を考えてみると，これまでの道徳教育は大きな見直しがされなければならないように思われる。このたび2015（平成27）年3月27日に一部改正された学習指導要領の「総則」と「第3章　特別の教科　道徳」は，政治的な思惑はともかくとして，社会の大きな変化と学校教育の困難さという観点から考えると，きわめて大きな意義を有していると考えられる。

　それは学校の道徳教育が個々人の内面の枠内にのみとどまる学習ではなく，個々人が各々参画する社会の主体的な構成員として活動するために必要な力を育成する任務を課せられているということを明確にしたことであり，また道徳教育が学校教育の基盤に位置づくということを改めて確認し，それに教育課程においてふさわしい位置づけを与えたことである。特に後者の側面は重要である。その理由は教育が人間教育を内包するという意味においてだけではない。道徳教育は各教科の知識や技能の学習の基盤となるということにある。

　それを考える手がかりを与えてくれたのは，ウィトゲンシュタイン（Wittgenstein, L. von）である。彼のいわゆる「言語ゲーム論」がそれである。後期ウィトゲンシュタインの著作『哲学探究』におけるチェスの駒の話によって指摘しようとした，「言葉がどのようにして学べるのか」という問題である

（Wittgenstein／藤本，1976）。チェスの「王」という駒を見せて，「これは王と言う」と言ったときに，チェスの駒の名前のことだと分かるのは誰か。それはチェスというゲームのルール，あるいはそれと似たゲームを見たり聞いたりしたことがある者だけだというものである。このことによってこの哲学者が伝えようとしているのは，言葉は意味を持っており，その意味を規定しているもの，すなわちこの場合ゲームのルールを知らなければ「王」という駒の名称，つまり言葉は理解できないということである。言葉は生活のなかに意味を持って存在している。生活は規則によって構成され実行されている。だから，生活のなかにある言葉は生活の規則（生活形式）を知らなければ成り立たないし，学ぶこともできないと考えているのである。生活の規則とは何か。それは道徳教育が子どもたちに学ばせようとしている，規範や価値のことである。規範や価値は私たちの生活を成り立たせているルールの一部である。その際，生活のなかにあって意味を持つ言葉を知識と呼ぶとすると，その知識や知識の学習は価値や規範と切り離せないこととなる。

　このことを踏まえて考えると学校における子どもたちの学習には，知識の学習と規範や価値（生活形式）の学習があり，後者は前者に先立ち前者を成立させるものと言える。生まれた乳児が言葉を学ぶことができるためには，約1年に近い時間が必要であるが，その時間は身体の成長や脳の認知的な能力の成長の時間であるだけでなく，家族とのかかわりのなかで言葉を学ぶことに先立つもう一つの学びに必要な時間と考えることもできよう（Mollenhauer／今井，1987）。この部分はこれまで考慮されてこなかった。ここに教育や学習の難しさの要因があるように思われる。

　道徳教育や道徳学習は，これまで，子どもたちが人間として望ましい生き方や在り方を学ぶことともっぱら考えられてきた。しかし，これでは道徳教育が学校教育のなかで果たすべき役割や機能を見逃してしまうこととなる。そうではなく，学校での学習を，変化する社会のなかで，子どもたちが，自分たちがその一員である社会を批判的に捉え，その社会とそこでの自己の望ましい在り方を追求すると同時に，知識や技能を学ぶために必要な生活形式を探り出し，その意味を追求していくこと，あるいは既に身につけている生活形式をそれでよいのかどうか確認していくことと捉えれば，道徳教育が学校教育において占

める位置や役割が明確になるとともに，これまでとは違って，その学習や教育活動の可能性が開けてくるのではなかろうか。

わが国の学校では，道徳教育の基本原則は「学校の教育活動全体を通じて行わなければならない」ことを原則としているが，その理由も理解できるであろう。知識や技能の習得と道徳の学習が切り離せないということなのである。

新学習指導要領における「特別の教科　道徳」という位置づけは，道徳に特殊な価値づけをしようとして与えられているのではないが，かと言って他の諸教科と並列に位置づくのではなく，それらの基盤として位置づくものだという重要な事実を踏まえようとしているのである。

5．道徳学習の新しい在り方

(1) 道徳授業構築の視点

以上のような道徳教育の二重の役割，つまり学校の教育活動を支える役割と子どもたち一人ひとりに現代社会のなかでの自己の在り方を考える際，必要となる自律的に判断し考える力を育てるという役割を，「特別の教科　道徳」の授業を具体化する上で必要と思われる視点を示すとすれば，それは以下のようになるであろう。

1）伝達から創造へ

子どもたちは，すでに家庭や地域社会における生活経験からその生活の基盤にあった文化的・社会的価値内容に関する一定の理解を持っている。すでにもっているものに対しては，子どもたちは各々が何らかの妥当性を付与しており，たとえ無自覚的ではあっても，「正しい」と見なしている。学習の課題は，その「正しい」の吟味である。問題は，より広い，より複雑な状況でもその「正しい」が維持できるかどうかである。道徳授業の課題は，子どもたちが一定の状況で生じる問題に取り組み，一人ひとりの考え方をより妥当なものへ変えること，換言すれば，新たな妥当性の了解による価値内容の理解である。それは価値の伝達ではなく，子どもたちによる新たな価値の創造である。

2）行為とその規範の根拠の学習

日常生活のなかで現実に子どもたちが直面するのは，価値ではなく，一人ひ

とりの行為である。また，問題を生じさせるのも行為である。したがって，1）を可能にする授業は，行為とその行為を「正しい」と規定している規範・価値を問うものでなければならない。「なぜそうすることが正しいのか（あるいは，正しくないのか）」。

3）根拠のより合理的な理解（普遍性）の追求

行為の正しさの根拠は，子どもの成長に従って変化する。その変化は場の変化に対応している。私的な場から公的な場へ，心情的なものから合理的なものへ。心情を軽視するのではなく，心情を大切にするためにも合理的な思考への発展が必要である。

4）相互行為としての道徳学習

一般に社会的規則を一人でつくり，一人で従うことができないのと同じように，道徳的行為を規定している規範も一人でつくり，一人で従うことはできない。それは常に他者との共同のなかで行われる。そこで作り出されるのが社会的関係の基盤に想定される「規範構造」である（渡邉，2002）。学級の構成員は学級生活によって，家庭にはその家庭の特色を生み出す「規範構造」があるように，その学級の特色を生み出す「規範構造」を作り出すのである。したがって，行為の規範とその根拠の学習（道徳学習）は，この「規範構造」を組み替えていくことだと考えることができる。それゆえ，学習活動は教室における子どもたちによる共同活動でなければならない。その共同活動は話し合いによって展開される。互いに暗黙のうちに認め合っている「規範構造」を組み替えることができるためには，その話し合いの質こそ重要である。

5）規範の見直しはその場の変容を生み出す

また，規範は単に規範として単独にあるのではなく，それが規範構造を構成する一つとして機能することによってその社会を構成する。構成員の行為を規制することによって，その行為がなされる場を構成するのである。その構成員によって規範の根拠の見直しが行われ，その規範が変更される。それによって，その根拠に基づく場（社会や人間関係）も変化していく。問題はその見直しの仕方である。

6）話し合いが成立するための条件

話し合い（討議）が成立するための条件には，以下の三つがある（Habermas／三島他，1991)。

① 話し合いにおいてある規範が妥当性を持つものとして承認され，それがすべての構成員に受け入れられるのは，すべての構成員がその話し合いに参加できる場合だけである。逆に言えば，すべての構成員が参加してある規範が妥当性を持つと承認されたなら，すべての構成員はそれに従わなければならない。そこに強制が介入していれば，あるいは不本意なものが介在していれば，違反や軽視に理由を与えることとなる。
② さらに話し合いによる決定が誰にとっても正しいものである（普遍性を持つ）ためには，それに従った場合に生じると予想される結果を誰もが受け入れることができる必要がある。その誰もがの範囲は，必ずしも教室の仲間に限定されない。それは子どもの成長に従って広がる。
③ 道徳を日常生活のなかで身近なものとして受けとめ，自分たちが主体的に担っていることを想起するためにも，ある規範・価値が自分たちにもたらす帰結を考慮することが必要である。価値観の相対化が当然のことのように言われているが，社会生活において生じる行為の結果に関しては，相対化を主張することはできない。構成員全員がそれを認めなければならない。

また，①と②を達成できる話し合いは，上記③を満たすものでなければならない。そのためには，ルールに従った話し合いへの日常的な取り組みの積み重ねが必要である。その際，話し合いの停滞を回避するために教師が示唆的に介入することは避けられない。しかし，だからと言って「正しい」，「正しくない」を決定する権限を教師が持つかのような指導は慎まなければならない。

(2) 道徳授業モデル
1) 目標
　授業の目標は，価値の伝達ではなく，創造である。一定の問題状況のなかにある課題を解決するためにどうする（行為する）ことが正しいのか，そしてそれはなぜかを追求することによって，価値の正当性に気づくことであり，発見

することである。また，授業の最終目標は，個々人の道徳性の発達を達成することであるが，授業のなかで子どもたちが追求するのはむしろ授業で設定された課題を解決することである。学級の全員がそれに取り組むことによって，学級の規範構造が質的に発展するのである。その成果として達成される一人ひとりの子どもたちの道徳性は，単に個人の内面の枠内で捉えられた道徳性ではなく，他者とのかかわりを踏まえた，より現実的なものとなる。それは相互行為調整能力であり，コミュニケーション能力でもある。

2）学習活動

授業において子どもたちが展開する学習活動は，授業において設定されている問題を解決するために，子どもたちが取るべき行為をその理由を明確にしながら追求する話し合い活動である。その話し合い活動が学級の規範構造の組み替えにつながるためには，話し合い活動それ自体が話し合いのルールに従って展開していなければならない。それは以下の6つにまとめることができる。

① 誰も自分の意見を言うことをじゃまされてはならない。
② 自分の意見は必ず理由を付けて発言する。
③ 他の人の意見にははっきり賛成か反対かの態度表明をする。その際，理由をはっきり言う。
④ 理由が納得できたらその意見は正しいと認める。
⑤ 意見を変えることができる。ただし，その理由を言わなければならない。
⑥ みんなが納得できる理由を持つ意見は，みんなそれに従わなければならない。

3）教材

授業において使用する教材は，結論の出ていない，いわゆる葛藤資料が望ましいが，その他の資料でも差し支えない。ただ学級において実際に生じている課題は，子どもたちが話し合い活動を上記のルールによって展開することが困難な場合があることを考慮するなら，なるべく避けた方が望ましいと思われる。そのような課題は学級活動で扱うことがよりふさわしいとも思える。

4）授業展開
①主人公の抱える葛藤課題の解決
　子どもたちにとって身近な諸問題は，多くの場合解決を必要とするものであるから，「どちらにすべきか」ではなく，「どうすべきか」を，理由を検討しながら追求する。また，主人公が直面している葛藤を価値と価値の葛藤と捉えるのではなく，行為と行為の対立，あるいは行為を規定している規範と規範の対立と考える。したがって，終末はオープンエンドではなく，クローズドエンドとする。ただし，最終的に必ずしも解決にいたらなくてもよい。
②授業の流れ
　必ずしも1時間扱いに否定的ではないが，話し合いを深めるために2時間扱いとして構想する。第1次では，資料を提示し，主人公の直面している課題を把握した上で，一人ひとりが「どうすべきか」という葛藤課題に取り組む。その際，「今日解決したい問題は何か」を確認し，その上で「根拠を明確にした判断」を行うのであるが，学年によっては明確な根拠（理由）をグループで考え合うことで全体での討議がしやすくなるであろう。最終的に一人ひとりの判断と根拠を決め，道徳学習ノートに書き，提出する。
　第2次では，まず話し合いのルールを確認し，「みんなが納得できるクラスの考えをつくる」ことを併せて確認する。その上で，第1次での葛藤課題と自分の判断と理由を確認する。その際，考えが変わった場合には，理由を述べて判断を変えてもよいことを児童に説明する。
　前時に児童が行った判断とその理由をあらかじめ短冊に書いておき，それらを黒板に張っておく。そして納得のできるものかどうかを話し合いの中心におく。その際，行為の結果を考えることが具体的に考える手がかりとなる。すでに出ている数多くの理由を絞り込んでいき，「どうすべきか」を決めていくことが話し合いの具体的な活動になる。全体の授業の流れについては，【資料の提示→課題（問題）把握→解決の探索→根拠を明確にした判断→討議（話し合い）→合意・了解】が基本的な展開の流れとなると考えている。

6．おわりに

　以上は，現代社会の特質を踏まえた学校におけるこれからの道徳教育への一つの提案であるが，本書においては課題設定という意味合いを持っている。本書の各章はこの課題に関わって各執筆者固有のスタンスからそれぞれの考え方を述べている。概してこの提案を正面から受け止めて足りない部分は補い，修正しているとともに，更に敷衍化し，発展させている。読者においても，それら各章の見解および本書に続く小学校，中学校の各実践を紹介する第2巻と第3巻を参考にしながら，この教科化という大きな転換に主体的に臨むことに少しでもつながれば，本書の目的は達成される。

　余談になるかもしれないが，困難な課題に直面したときにとるとよい方策は，1歩，2歩下がって直面する課題と周辺を俯瞰することではないだろうか。課題を過大評価することは愚かなことであるが，過小評価することも賢明ではないと筆者には思える。

●引用・参考文献
中央教育審議会（2014）．道徳に係る教育課程の改善等について（答申）（http://www.mext.go.jp/b_menu/shingi/chukyo/chukyo0/toushin/1352890.html　2015年12月1日閲覧）
道徳教育充実に関する懇談会（2013）．今後の道徳教育の改善・充実方策について（報告）—新しい時代を，人としてより良く生きる力を育てるために—（http://www.mext.go.jp/b_menu/shingi/chousa/shotou/096/　2015年12月1日閲覧）
Habermas, J.／三島憲一他（訳）（1991）．道徳意識とコミュニケーション行為　岩波書店
教育再生実行会議（2013）．いじめの問題等への対応について（第一次提言）（http://www.kantei.go.jp/jp/singi/kyouikusaisei/pdf/dai1_1.pdf　2015年12月1日閲覧）
Mollenhauer, K.／今井康雄（訳）（1987）．忘れられた連関　みすず書房
文部科学省（2015）．小学校学習指導要領解説　特別の教科　道徳（http://www.mext.go.jp/a_menu/shotou/new-cs/youryou/1356253.htm　2015年12月1日閲覧）
大津市立中学校におけるいじめに関する第三者調査委員会（2013）．調査報告書（http://www.city.otsu.lg.jp/kosodate/kenzen/taisaku/1442305508389.html　2015年12月1日閲覧）
高橋　勝（1992）．子どもの自己形成空間　川島書店
渡邉　満（2002）．教室の規範構造に根ざす道徳授業の構想　林　忠幸（編）　新世紀・道徳

教育の創造 東信堂
Wittgenstein, L.von／藤本隆志（訳）(1976). 哲学探究　大修館書店

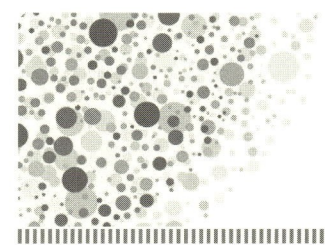

第Ⅰ部

グローバル化する現代社会における道徳教育

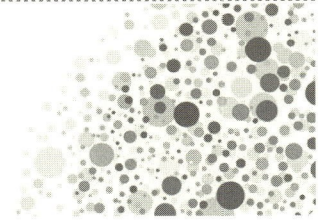

第 1 章

討議倫理学における「合意」の意義

1．はじめに

　ドイツの哲学者ユルゲン・ハーバーマス（Habermas, J.）のコミュニケーション的行為の理論，そして後にそれが倫理学として体系的に整理された討議倫理学に基づいて道徳教育の在り方を改革しようとする動向★1は，いわゆる道徳教育界においてそれほど広く浸透しているわけではない。しかし，2015（平成27）年の学習指導要領一部改正により教科化された道徳授業は，それがそのまま討議倫理学に基づく道徳授業であるといっても差し障りがないほどに，両者の方向性は親和性が高い。

　2008（平成20）年の学習指導要領改訂において，道徳に限らず全校種・領域において言語活動の充実が強調されたときから，討議倫理学に基づく道徳授業への期待は高まりはじめていたが，今回の教科化において両者の方向性の一致はさらに顕著になった。文部科学省が今回の教科化を「考える道徳」「議論する道徳」と表現していることが，なによりこの事実を端的に表している。

　また，小・中学校の学習指導要領における道徳科の目標のなかに，「物事を多面的・多角的に考え」という文言が明記され，それを受けた指導上の留意点として，児童生徒が多様な感じ方に接するなかで，考えを深め，判断し，表現する力を育むことができるよう，自分の考えを基に話し合ったり書いたりする

などの言語活動の充実を図ることが求められている。こうした学習機会を子どもたちに提供するという道徳授業の課題に応えるために，討議倫理学ほど最適な授業原理・学習原理はないだろう。道徳の教科化が，従来の心情理解に偏重したインカルケーションという問題点を克服するために導入されたという経緯を考えても，道徳授業の最新の動向と討議倫理学に基づく道徳授業の方向性の一致は，いわば必然なのである。

　本章の目的は，こうした討議倫理学に基づく道徳授業の意義を，その中心的な鍵を握る合意という概念に焦点化して明らかにすることにある。だが，他方で，この合意が強調されるあまりに，討議倫理学の意義が誤解される可能性も見受けられるようになった。そこで，合意に至らないということの意味についても考察したい。

2．道徳教育における正しさの問題

(1) カントが示す道徳のアポリア

　ハーバーマスの討議倫理学が道徳教育に対して意義ある貢献をなしていることを説明するために，まずはカント（Kant, I.）の道徳法則の話から始めたい。普遍的で例外のない道徳原理を追究したカントは，まず何より道徳とは他律であってはならず，その行為者が自ら選択して決定できるという自由意志を絶対不可欠なものとした。カントによれば，他者の意見や権威に従うということは，自ら考えることを放棄しており，そこに意志の自由はない。こうした意志の自由という意味での自由意志は，格率を選択する自由として保証されなければならない。

　しかしカントは，同時に道徳的な正しさをも問題とする。人間は理性的な存在ではあるが，しかし神のように完全な理性的存在ではない。だから，自由意志に従って行動してもそれがつねに道徳的に正しいとは保証できない。それどころか，人間はある行為が道徳的に正しくないとわかっていながらその行為を選択することさえある。それゆえに，人間が道徳的にふるまうためには，道徳的に正しい行為を意志の外から強制する客観的法則が必要となる。

　このとき問題は，その客観的法則に従うことが人間の自由意志を否定するこ

とにつながるということである。カントにとって、道徳とは何よりも自律、すなわち自分で決定することが大前提とされているため、たとえそれが普遍的な正しさであったとしても、それが正しいことだからそれに従うという態度は他律である以上、道徳的な行為とは認められないことになる。だが他方で、自分で決定したことが道徳的に正しいことだと想定してしまえば、道徳は「何でもアリ」となってしまい、道徳の意味をなさなくなってしまう。カントは、道徳というものが成立するためには道徳的な正しさと行為者の自由意志の双方が必要不可欠であるという道徳の基本構造を明示するとともに、その両立の困難性という道徳のアポリアをも適切に把握していたのだ。

　不思議に思うかもしれないが、カントが指摘した道徳のアポリアは現在の日本の道徳教育においても依然として存在し続けているのである。より正確にいえば、カントが指摘した道徳の基本構造は現在の日本の道徳教育にとっても基本構造となっているのである。道徳教育の現場ではしばしば、「道徳には間違いはないから、どんな意見でも言っていいんだよ」という声が聞かれる。あるいは、そのときに、金子みすゞの「みんな違って　みんないい」という有名なフレーズが添えられていることもあるかもしれない。しかし、道徳教育の場面では何が正しいかきちんと教えることも確実に求められている。

　つまり、日本の道徳教育においても、一人ひとりの考え方や感じ方を尊重することと、道徳的な正しさを求めることの両方が不可欠だと考えられているのである。そして、その両立が困難であるという道徳のアポリアも存在し続けていて、両方が大事だと言われながらも実際の指導場面では道徳的な正しさの方に重きが置かれているのが現状であると言えるだろう。

(2) 立法という考え方の限界

　この難問を解決する妙案としてカントが提示したのが、立法という考え方であった。立法、すなわち自分で規則を決めて、その規則に自ら従うならば、「規則に従わされている」という他律ではなくなる。自分で決めたその規則が客観的に正しい規則とつねに合致していれば、私はつねに正しい行為を自分の意志で選択して行うことができる。このように立法という方法によって、道徳的な正しさと自由意志の両立が可能だとカントは考えた（Kant／宇都宮、

2004, pp.136-141)。

　こうしたカントの立法とそれによって成立する自律という考え方は，道徳の基本構造に由来する道徳のアポリア，すなわち道徳的な正しさと自由意志の両立という難問の解答となってはいる。しかし，このカントの立法という考え方にも弱点がある。第１に，どのように立法を行うかという方法が不明だという問題がある。第２に，カントの道徳法則では，強制力として人間に作用する客観的法則という名の道徳的正しさの存在を想定せざるを得ないが，そもそもそのような普遍的な正しさが本当に存在するのかという問題である。そして第３に，カントの道徳法則がモノローグ（独語）だという問題である。カントの求める道徳法則はすべての人に例外なく適用できるものであり，その意味で普遍性を有するものでなければならない。だが，カントにとって，すべての人にあてはまるかどうかという問題が，結局，それを考えている個人の頭のなかでしか検討されておらず，本当に他者にも正しいこととして妥当するかどうかについて，その個人の想定を超えることはできないのである。

　こうしたカントの道徳法則の欠陥を補い，その考えをさらに先へと進めたのがハーバーマスの討議倫理学なのである。

３．討議倫理学の意義―カントの立法の限界を超える―

　ハーバーマスの討議（ディスクルス）とは，当事者たちが彼らの行為プランを合意によって調整する相互行為のことである。この合意による行為調整は，当事者たちの間での三つのレベルで妥当性が間主観的に了解されることによってなされる。第１のレベルは，話している内容が真実であるかどうかという真理性要求であり，第２のレベルは，その内容が社会的な規範として正しいかどうかという正当性要求，第３のレベルは，その内容が話し手の本心かどうかという誠実性要求というレベルである。こうした討議が実効性を持つのは，必要な場合には話し手が，話の内容の根拠を明示することでその話の妥当性を確証するように努力するという保証を与えるからである（Habermas, 2000, p.98）。そして，聞き手が話し手によって提示された保証を信頼すると，相互行為の帰結にとって重要な義務づけの力が効力を発揮する（同，pp.97-98）。こうした

反省的なコミュニケーションの条件を再定式化し，日常的なコミュニケーションの事実から規範の根拠づけに必要な正当化する力を汲み上げようとする試みが討議倫理学である（野平，2007, pp.142-143）。

　カントが道徳原理を普遍的なものでなければならないと捉えたように，ハーバーマスにとっても道徳とは利害関心の違いを越えてすべての当事者にあてはまるものでなければならない。カントは，「おのおのの理性的存在者の意志が普遍的に立法する意志である」ことに普遍性を求め，すべての人に妥当するかどうかの判断を個人に求めた（Kant／宇都宮，2004, p.135）。だが，ハーバーマスはカントのこうした姿勢を「モノローグ」（独話）だとしてその限界を指摘する。「討議倫理はカントの単なる内的独白的なアプローチを克服するものである」（Habermas／清水・朝倉，2005, p.16）。そして，規範の根拠づけは主観的なモノローグではなく，ディアローグ（対話）によって間主観的に正当化されなければならない，とハーバーマスは述べる。「間主観性論の観点に立てば，自律とは，自己自身を所有する主体の自由な処理能力のことではなく，相互承認関係を通して可能となる独立性，しかも他者もまたシンメトリックに独立性をもつ場合にのみ共存可能なこちらの独立性を意味している」（同，p.172）。

　ハーバーマスにとって，カントが道徳と同一視した自律という状態は，人と人との間に成立する相互承認関係を通して可能となる間主観的なものであり，規範という道徳的な正しさもまた，この間主観的な相互承認関係を通して正当化される。道徳的な正しさとは，こうした間主観的な相互承認関係を通してその正当性が付与されるものなのである。つまり，ハーバーマスの討議倫理学に従えば，道徳的な正しさは普遍的なものとしてすでに「ある」ものなのではなく，人と人との間で相互承認を通して間主観的に「つくられる」ものなのである。

　カントの定言命法では条件（もし～なら）や理由（～だから）を伴わずに，それが義務としてつねに「そうすべき」だと要求される。したがって，カントが道徳を定言命法で表現するということは，理由や条件が問われなくてもつねにそこに道徳的正しさが存在していることになる。それに対して，ハーバーマスが定言命法にかわるものとして示しているのが，討議原則（D原則）なのだ

という。「実践的討議への参加者としてのすべての当事者の同意をとりつけることができるような規範のみが，妥当性を要求できる」(同，p.7)という討議原則は，すべての当事者の同意（合意）によって規範に妥当性が付与されることを意味している。逆に言えば，まだ合意されていないある考えは，規範としての妥当性を有してはいない。個人のある考えがすべての当事者の合意を得た時に，初めて規範としての妥当性を有するようになるのであり，この時，その規範の妥当性は合意によって「つくられた」とも言えるのである。こうした規範の正当化は，「真理の合意説」と呼ばれるものである。

次節では合意によってもたらされる討議倫理学の特徴をさらに浮き彫りにするために，少し遠回りになるが，討議倫理学と同様に正しさを「つくられたもの」と捉える社会構成主義を取り上げてみたい。両者の異同のなかから有意義な示唆が得られるからである。

4．社会構成主義による討議倫理学への批判

(1) 社会構成主義の特徴

社会構成主義とは，構築主義や社会構築主義，あるいは構成主義といった様々な訳語でも表現されている学問的立場である[2]。また，その考え方は，たとえば素朴な客観主義や実在主義を批判する立場，社会学のラベリング論を批判する立場，知識社会学，歴史を物語として捉える歴史学，臨床心理学のナラティヴ・セラピー，ジュディス・バトラー（Butler, J.P.）に代表されるようなジェンダー論やアイデンティティ論の立場など，学問分野の多岐にわたって展開されている。上野千鶴子は『構築主義とは何か』のなかで，社会構成主義が厳密な意味での特定の学問的立場というよりも，「人文・社会科学を含む学際的な分野に広く深い影響を与えた知のパラダイム」であり，「現在の知の布置を問うには，さけて通れない里程標である」と述べている（上野，2001，p.275）。

社会構成主義を理解する上でまず重要なことは，それが反本質主義の立場に立つということである。ここでいう本質主義とは簡潔に言えば，客観的な真理がこの世界のなかに存在しており，それが言葉によって表現されているという

ことを意味している。そして、社会構成主義はこの本質主義に真っ向から反論するのである。

社会構成主義によれば、真理やそれを表現したとされる知識は、社会的に構成されたものであり、人間や社会とは無関係な真空状態のなかには存在していない。そして、真理や知識と呼ばれるものが社会的に構成されたものであるということは、それが必ずしもそうでなければならなかったわけではなく、他のあり方も可能であることや、その社会的な構成には歴史やとりわけ権力構造が深く反映しているということも意味する。

(2) 社会構成主義における道徳問題の取り扱い

社会構成主義に対して、社会的な問題が価値相対主義に陥り、「何でもアリ」になってしまうという批判が向けられる。こうした批判に対して、ケネス・ガーゲン（Gergen, K.J.）は、社会構成主義が道徳や政治の問題に深く関わっていたり、支配的な道徳的・政治的言説に対する強力な挑戦となるが、しかし、それが「特定の道徳的・政治的立場を支持するわけではない」のだと断言する（Gergen／永田・深尾、2004a、p.125）。なぜならば、「社会構成主義の探究は、普遍的な道徳原理を明らかにすることではなく、問題を提起することに向けられ」ており、「いかなる場合においても、特定の道徳原理を絶対視すれば、ある時点における特定の意味が固定され、それに対する様々な意見は抑圧され、社会は分断されてしまう」とガーゲンは強調するのである（同、p.151）。ガーゲンによれば、社会構成主義が、たとえばフェミニズムによる男性中心社会への批判に力を与えたとしても、それが特定の道徳的立場（この場合ならフェミニズム）の優位性を支持するものではないのだという（同、pp.103-105）。

こうして捉えたとき、社会構成主義が道徳問題に対してなす貢献は、ある特定の主張の優位性や絶対性を保証することではなく、むしろそうした正しさに対して批判的な観点を提供することにあると言える。どのような見解であっても道徳的な絶対的正しさを有することができないとしたら、そうした見解の問題点や限界についても理解される必要がある。社会構成主義が提供するのは、そうした批判的な観点なのである。

しかし，社会構成主義は何が正しいことなのかについて語ることができないという批判も妥当する。たとえば，「女性は働かないで家を守るべきだ」というかつての伝統的な正しさについて，社会構成主義は，それがかつての日本社会における家族構造や性差をめぐる権力関係のなかでつくられたものであり，女性の本質に由来するものではないと適切に批判することができる。しかし，ではどうすることが正しいのかという問題について，社会構成主義は答えることはできないのである。社会構成主義は，道徳的な問題に対して有益な批判的観点を提供するが，何が道徳的に正しいのかという問題に対してコミットすることはできない。真理の合意説に立って，道徳的正しさを「つくられたもの」と捉える点では，社会構成主義も討議倫理学も共通するが，合意という観点からこの道徳的な正しさを「つくりだす」プロセスを有しているという点で，討議倫理学は社会構成主義とは決定的に異なるのである。

（3）ガーゲンによる討議倫理学への批判

　ガーゲンは社会構成主義の立場から，ハーバーマスの討議倫理学に対して次のような批判を投げかけている（Gergen／東村，2004b, pp.225-227）。まず，本当に討議によって合意へと至ることができるのかという批判である。ガーゲンにとって，そこには討議を通して人々の意見が必ず合意へと導かれるとするハーバーマスの信念が存在しているように映っているようだ。ガーゲンは激しい論争を繰り広げている「中絶反対」と「中絶容認」の議論を例にあげて，一体どんな論拠を提示すればどちらか一方が正しいと証明することができるのだろうか，と疑義を呈している。

　もう１つの批判は，討議倫理学の妥当性に対する批判である。この討議という特定の対話の形式をなぜすべての人々が受け入れなければならないのかという批判である。ガーゲンによれば，ハーバーマスが提案する討議とは，そもそも人々は合理的に推論するという教養ある西洋人が好む前提に立っており，この前提を共有しない者にとっては，この提案は当然だということにはならないのだという（同，p.226）。

　なぜ私たちは合意を追求しなければならないのかという批判も，同様に合意の妥当性に対する批判として提出されている。合意を追求するよりもむしろ違

いを認め，正しく理解する可能性について考えることのほうが重要ではないかという批判には，先述したように道徳に対する社会構成主義のスタンスが表明されている。正しさを追求することではなく，多様性や差異を正しく理解し，承認する方策を探ることに，社会構成主義の関心は向けられているのである。

では，社会構成主義から示されたこうした批判は，討議倫理学に対してどのような示唆を与えてくれるのだろうか。

5．討議倫理学における「合意できない」ということの意味
(1) 合意に対する批判

討議倫理学によれば，私たちはそもそもある意見の理由に対して納得がいかない場合には，その妥当性についての説明を話者へ求め，その説明が納得できない場合にはその妥当性を認めることができない。真理性要求，正当性要求，誠実性要求という3つのレベルでの妥当性要求によって合意が成立するというと，何か難しい概念的操作をイメージするかもしれないが，ハーバーマスが言っていることは，合意が通常のコミュニケーションにおいても日常的に行われているということなのだ。

しかし，どうすれば異なる意見の間でつねに合意が成立するかという，合意形成の確実な方法は存在していない。したがって，合意を常に成立するものと考えることはできない。むしろこのことは，カントの立法と同様に，もし道徳的正しさと個々人の主体性が両立するとすれば討議による合意しかないということを討議倫理学が示していると理解すべきであろう。

さらに，討議倫理学を優れた道徳原理として提唱するハーバーマスも，討議倫理学を絶対的な道徳原理だと見なしているわけではないことに注意が必要である。ハーバーマスがアーペル（Apel, K.-O.）と見解を異にする観点が，アーペルの主張する「究極的根拠づけ」であり，ハーバーマスにとって哲学はアーペルの言うように他の学問から区別されうる特別な自立性や不可謬性を有するものではない（Habermas／清水・朝倉，2005，pp.219-236）。ハーバーマスは彼の討議倫理学が西洋に特有な1つの特殊な考え方ではないかという批判を意識して，「われわれの道徳原則は，今日の成人した白人の，男性の，市民

層のよく教育された中央ヨーロッパの先入見だけを反映しているのではない，ということを証明することができなければならない」(同，p.8）と述べ，自らの考えが自民族中心主義ではないことを強調する。

しかしながら，討議倫理学の世界を離れて，政治理論，とりわけ人々のアイデンティティの差異の尊重が強調されるラディカル・デモクラシーの領域での議論を見てみると，ハーバーマスの旗色は芳しくないことが多い。先に紹介したガーゲンによる批判のように，なぜ討議という合理的推論による対話が正当化されるのか，そしてなぜ合意がめざされなければならないのかという点に，その批判は集中している。

たとえば齋藤純一は，ラディカル・デモクラシーの立場から，デモクラシーには意見の複数性の擁護が求められるという。意見の複数性とは，異なる意見がともに認められ存在している状況を意味する。齋藤によれば，「意見の複数性は政治によって何らかの調和や一致に向けて克服されるべきネガティヴな与件ではなく，逆にそれを維持し，意見の相違を明らかにすることが政治の実現すべき『目的』である」(齋藤，2008，p.9）という。そして，こうした立場から見れば，ハーバーマスが提唱する討議でめざされているのは複数の意見の交換や承認ではなく，同一の論拠の同一の仕方での共有なのであり，より合理的な根拠の共有という討議のねらいが，意見の複数性の下では承認されるある種の意見を周辺化してしまうことが危惧されるのだという（同，p.33）。

ラディカル・デモクラシーの論者であるシャンタル・ムフ（Mouffe, C.）も，同様な批判をハーバーマスに向けている。ムフによれば，合意による裏づけがあったとしても，正統／非-正統という境界線は政治的なものであり，その意味で合意もまたヘゲモニーの表出であり，権力関係の結晶化なのだという。しかもその境界線は，齋藤の指摘と同様に，差異の複数性を抑圧したり排除したりする作用を及ぼすのだという（Mouffe／葛西，2006，pp.71-88）。

では，必ず合意できるとは限らないという状況を，どのように意味づけして理解すればよいのだろうか。

(2) 合意と他者性の尊重

ガーゲンの社会構成主義や齋藤のラディカル・デモクラシーの立場からの批

判は，討議倫理学によって強調される合意が他者の他者性を抑圧し，同一性を押しつける暴力となってしまわないかという懸念から提出されている。こうした懸念は，実は討議倫理学にとって看過できない落とし穴を回避するための術を示唆しているのである。このことを説明するために，他者の他者性に関する議論をもう少し参照してみたい。

　教師の仕事にとって，教育の対象となる子どもを理解することは必要不可欠なことであり，そのため，子ども理解は教育的な働きかけを行うための前提とされている。しかし，他者を理解するということは，実は私の経験や知識やイメージを他者にあてはめて解釈しているのであり，私の理解における「他者像」を「他者の実像」として他者に押しつけることを意味する。他者とは私とは違う存在であるため，私による他者理解は所詮私の頭のなかでの他者の勝手な理解であって，それが本当の他者の姿と一致しているということを保証することはできない。私は他者のことを100％理解することは不可能なのであり，他者の歯の痛みは私に正確に分かるものではない。それなのに他者を理解してしまうということは，私の理解を相手に押しつけて相手の本当の姿を否定し抑圧してしまうある種の暴力となるのである。こうしたポストモダン的な他者論においては，他者の理解不可能性や唯一性こそが，他者がまさしく他者である性質を示しており，それを他者性と呼ぶ。

　こうした「理解することの暴力」を指摘するポストモダン的な他者論では，他者の他者性を尊重するためには，他者を私の勝手な認識枠で理解し尽くしてしまうことを禁欲するという「理解の抑制」が重要であると高橋舞は言う（高橋，2009，p.195）。しかし，高橋は，理解することをやめることもまた，他者に対する無関心や無理解という暴力になると指摘する。高橋によれば，最終的に理解できる他者と捉えられてしまう他者は他者性を奪われるという暴力に晒されるが，最終的に理解できない他者として理解を停止される他者も，理解不足や無理解という形で他者性を忘却される暴力に晒されるという（同，p.209）。高橋の指摘する「理解してしまうという暴力」と「理解しないという暴力」をともに避けるためには，理解しようと努めるが，しかしつねに理解し尽くしたと思わずに他者と関わっていく態度が求められるだろう。

　討議倫理学においても，合意を押しつけることや，常に合意に至らなければ

ならないという発想は，他者の他者性の抑圧につながる。討議倫理学もそもそも他者が自分とは異なる意見の持ち主であるという前提から出発しているのであり，異なる意見の対立を調整する原理として討議倫理学が打ち立てられたのだ。だから討議倫理学では合意をめざすのだが，しかし，討議のプロセスを経ても合意が成立しないということは，他者の他者性が尊重されている状態だと理解することもできるのだ。むしろ，そういった他者の他者性を軽視して，他者と必ず合意できるとか，合意しなければならないという姿勢は，討議倫理学の前提を見誤っていると言えるだろう★3。

6．おわりに

　本章では討議倫理学における合意の意義について論じてきた。討議倫理学では，道徳的な正しさをすでに「ある」ものとして捉える本質主義が否定され，道徳的な正しさが合意によって「つくられた」ものとして捉えられる。真理の合意説と呼ばれるこうした特質については，社会構成主義とも共有されているが，社会構成主義は価値相対主義という批判を免れないのに対して，討議倫理学では道徳的な正しさを議論することが可能である。それは，社会構成主義が「つくられている」という状況を単に説明するだけなのに対して，討議倫理学は正当性が認められる原理的メカニズムを解明するとともに，合意という正当性の付与の仕方についても言及しているからである。

　なによりも，社会構成主義は討議倫理学の主張する合意の可能性や合意の正当性に対して懐疑的である。だが，社会構成主義の提出する批判は，討議倫理学にとって合意のもつ暴力性を意識させるのに有意義な指摘であった。討議倫理学にとって合意はある考え方に社会的な正当性を付与する力を有しているが，しかしその合意を押しつけたり，強制したり，その成立の確実性を主張することは，ハーバーマスが大切にしていた一人ひとりの合意と，それを支える他者の他者性を踏みにじることにつながってしまう。

　また，道徳授業において合意が成立しないという状況は，次のようにも解釈されうる。討議倫理学は討議ができる「大人」を対象として構築された理論であるのに対して，道徳授業はこうした討議がまだ十分適切にはできない子ども

たちが，やがて討議ができるようになるための練習の場である。合意ができたかどうかよりも，討議の練習や合意の練習ができたかどうかということが，討議倫理学に基づく道徳授業の善し悪しを評価する基準となるべきではないだろうか。いまだ合意が形成されない状況というのは，他者の他者性が尊重されている結果であると捉え，そうした他者を尊重するなかで，討議による吟味によってより善い意見へと少しでも近づいていく—合意をめざしていく—ことが，討議倫理学に基づく道徳授業のめざすべき方向なのである。

【註】
- ★1：ハーバーマスのコミュニケーション的行為の理論や討議倫理学を教育哲学の観点から検討した先行研究には，野平（2007），今井（1999），西野（1998），藤井（2003）があり，こうした先行研究の動向を整理したものに上地ほか（2014）がある。また，討議倫理学の道徳授業への導入を試みる実践的な研究は，主に渡邉満と学校教員による共同研究の形で多数発表されていて，ここではその一部として渡邉・田野（2001），石川・渡邉（2000）をあげておく。
- ★2：本論で社会構成主義という用語を採用しているのは，日本でも翻訳が紹介されているケネス・ガーゲンの著書の邦題に依拠している。また，構成主義と構築主義の違い，あるいはその原語である「constructionism」と「contructivism」との意味の違いについては，千田（2001）を参照。
- ★3：合意をめぐるこうした矛盾する意義についての着想は，アメリカのヘンリー・ジルー（Giroux, H.A.）の批判的教育学におけるモダニズムとポストモダニズムの接合に関する筆者の研究（上地，1999）から得られたものである。ジルーは社会の不平等の是正という目標を学校教育に結びつける一方で，そのための重要な視点としてポストモダニズム的な差異の観点を重視した。平等や解放，それに学校教育といったモダニズム的な理念とポストモダニズムの接合は，一見すると論理矛盾に映るかもしれないが，ジルーにとってポストモダニズム的な差異を重視する観点は，モダニズム的な理念を達成するために有効なパースペクティヴであった。なぜなら，ポストモダニズム自体が，近代の「次」の理論枠組みを新たに提供するというよりも，近代の欠点を補完するものだからである。こうした観点からすれば，ハーバーマスの討議倫理学もまた，彼の言う「近代という未完のプロジェクト」を継承するものであり，それゆえに近代の欠点を有してしまう危険性が付きまとう。それがラディカル・デモクラシーによる批判であり，ハーバーマス自身もその自文化中心主義を回避するなどそういった欠点に対して意識的ではあるが，ポストモダニズムによって補完されることで，その意義は一層高まると言えるだろう。

●引用・参考文献
藤井佳世（2003）.教育的関係におけるコミュニケーション的行為の可能性—相互承認による自己形成論へ— 教育哲学会（編） 教育哲学研究　第88号
Gergen,K.J./永田素彦・深尾　誠（訳）（2004a）.社会構成主義の理論と実践—関係性が現実をつくる— ナカニシヤ出版
Gergen,K.J./東村知子（訳）（2004b）.あなたへの社会構成主義　ナカニシヤ出版
Habermas,J./三島憲一他（訳）（2000）.道徳意識とコミュニケーション行為　岩波書店

Habermas, J.／清水多吉・朝倉輝一（訳）（2005）．討議倫理　法政大学出版局
今井康雄（1999）．ハーバーマスと教育学　原聡介・宮寺晃夫・森田尚人・今井康雄（編）　近代教育思想を読みなおす　新曜社
石川庸子・渡邉　満（2000）．学び合い共によりよく生きる道徳教育の再構築―共生社会にふさわしい道徳教育の創造をめざして―　兵庫教育大学生徒指導講座（編）　生徒指導研究　第12号
Kant, I.／宇都宮芳明（訳）（2004）．道徳形而上学の基礎づけ　以文社
Mouffe, S.／葛西弘隆（訳）（2006）．民主主義の逆説　以文社
西野真由美（1998）．ハーバーマスの討議倫理学における道徳的観点の検討　教育哲学会（編）　教育哲学研究　第77号
野平慎二（2007）．ハーバーマスと教育　世織書房
齋藤純一（2008）．政治と複数性―民主的な公共性に向けて―　岩波書店
千田有紀（2001）．構築主義の系譜学　上野千鶴子（編）　構築主義とは何か　勁草書房
高橋　舞（2009）．人間成長を阻害しないことに焦点化する教育学―いま必要な共生教育とは―　ココ出版
上地完治（1999）．学校教育とポストモダニズム―ジルーの批判的教育学を手がかりとして―　日本カリキュラム学会（編）　カリキュラム研究　第8号
上地完治・藤井佳世・小林大祐・澤田　稔（2014）．道徳教育という観点からみた討議倫理学の意味と課題　琉球大学教育学部紀要　第84集
上野千鶴子（2001）．構築主義とは何か　上野千鶴子（編）　構築主義とは何か　勁草書房
渡邉　満・田野武彦（2001）．コミュニケーション的行為理論による道徳教育基礎理論の探求（2）―自己形成的トポスとしての『教室という社会』の再構築―　兵庫教育大学研究紀要　第1分冊　第21巻

第2章

ポスト形而上学の時代における道徳教育
―ハーバーマスと価値多元化社会の道徳―

1．はじめに

　2013（平成25年）12月26日に公表された報告書「今後の道徳教育の改善・充実方策について（報告）」において，道徳教育の充実に関する懇談会は次のように述べている。「今後，グローバル化や情報通信技術の進展，かつてないスピードでの少子高齢化の進行，予想困難な自然災害の発生など，与えられた正解のない社会状況に対応しながら，一人ひとりが自らの価値観を形成し，人生を充実させるとともに，国家・社会の持続可能な発展を実現していくことが求められる。そのためには，絶え間なく生じる新たな課題に向き合い，自分の頭でしっかりと考え，また他者と協働しながら，より良い解決策を生み出していく力が不可欠となる」（道徳教育の充実に関する懇談会，2013，p. 3）この記述からは，グローバル化や価値の多様化・多元化といった社会変化のなかで，子どもたちがより真剣に，そして他の子どもたちや大人たちとともに，新たな規範を構築していくことを求める強い要請が読み取れるだろう。そしてこうした変化のなか，道徳教育もまたこれまでの姿から大きく変化することが求められるようになっている。同報告書はこの点を次のように指摘している。「道徳教育の目標や内容，指導方法，教材，教員の指導力向上の在り方，さらには教育課程における位置づけなどについて検討を行い，道徳教育が学校教育活動全

体の真の中核としての役割を果たすこととなるよう，早急に抜本的な改善・充実を図る必要がある」（道徳教育の充実に関する懇談会，2013，p. 3）

だが道徳教育の変化を引き起こした様々な社会的変化は，たんに教育内容や教育方法のみの変化にとどまるものではなく，その背後に存在する哲学的・倫理学的な基礎づけの変化をも促すものであった。端的に言えば，今日の道徳哲学や倫理学は，特定の価値や規範を絶対視し，そうした価値や規範に従う行為を求める立場には，もはや立たない。何らかの価値や規範に絶対性を認めるのではなく，当事者間での相互主体的な議論から当事者間で妥当性を合意しうる価値や規範を導き出し，そうした価値や規範に従う行為を求める立場へと，道徳哲学や倫理学も変化しているのである。本章では，道徳教育を支える道徳哲学や倫理学の変化を確認し，今日の道徳教育がどのような理論的立場に支えられているのかを描き出したい。

2．道徳哲学や倫理学における道徳観の変遷

人がどのようにふるまうべきかに関する思索は，すでに2000年以上前から繰り返されてきている。『ニコマコス倫理学』によれば，かつてアリストテレス（Aristoteles）は次のように述べたとされる。「ひとは正しい行為を行うことによって正しいひととなり，節制的な行為を行うことによって節制的なひととなるということは妥当である。かかる行為をなさないでいては，誰しも善きひとたるべきいかなる機会も持たないであろう」（Aristoteles／高田，1971，p.66）さらにアリストテレスによれば，人間は「徳」の実現をめざすべきであり，「徳」とは「中庸」すなわちバランスのとれた状態の実現によって実現される。この「中庸」の例としてあげられるのは，勇敢，節制，寛厚，矜持，温和，親愛，真実，機知，羞恥，配分的正義，矯正的正義などである。人間はすべてこうした「中庸」を実現し，徳の実現をめざすべきだとされたのである。

これらの徳目の多くはけっして2000年前のギリシャに限定されるものではなく，今日の日本においても多くの人々に支持されるものであろう。だが，こうした徳目の具体的なあり方は，もはや今日の社会生活において必ずしもすべての人々にとっての普遍的な目標とはみなせなくなっている。たとえばアリスト

テレスは勇敢さについて次のように述べている。

> すぐれた意味において勇敢なひとというべきは，うるわしき死について，またおよそ，たちまちのうちに死を招来するごときことがらについて恐れるところのないひとにほかならない。こうした事態の最たるものは，だが，戦いの際のそれであろう。
> (Aristoteles／高田, 1971, p.109)

　道徳的な人は死を恐れず勇敢にふるまうべきであり，戦争においても勇敢に戦うことが道徳的だとされたのである。

　かつてアリストテレスの暮らした古代ギリシャ社会においては，都市国家（ポリス）の政治に参加するとともに，ポリスの平和が脅かされる際にはその防衛のために戦うこともまた求められていた。こうした時代にあっては，勇敢さはすべての市民に求められる徳目であったのである。しかし，今日の我々の社会において「死を恐れない勇敢さ」をすべての国民に求められる徳目として教えることに対しては，多くの人々が反対すると思われる。このように，特定の「具体的行動」の実行を道徳的であるための条件として示す立場に立つ者は，各時代の支配的な文化や習慣などを根拠とし，そうした「具体的行動」が普遍的かつ必然的なものであるかのように主張することになる。だが，そのような「具体的行動」が道徳的であるのは，あくまでも各時代の支配的な文化や習慣に合致している場合である。それゆえ，人々がこうした「具体的行動」を身につけようとするのは，こうした行動がそれ自体として道徳的であるためではなく，たんに支配的な文化や習慣のもとで可能な限り円滑に暮らしたいという思いのためとも言えよう。だが，そのような動機に支えられた行動はけっしてそれ自体として道徳的なものとはみなせない。

　近世の哲学者カント（Kant, I.）はこうした動機，すなわちみずからの保身や利便性を求める思いに支えられた道徳的行為を「傾向」と呼び，その道徳性を否定する。逆に彼は理性によってその普遍性が証明された「義務」を「傾向」に対置し，唯一，「義務」に基づく行為のみを道徳的なものとみなすのである。彼は次のように述べている。

世間にはまたたいへん同情心に富む人達があって，彼等はかくべつ虚栄心からではなく，ただ喜びを周囲の人々にふりまくことを心から楽しみとし，自分の為すことが他人に満足を与えれば自分もまたこれをいたく喜ぶというふうである。それにもかかわらず（中略）こういう場合のかかる行為は，たとえいかに義務にかないまたいかに親切きわまるものであるにせよ，真正な道徳的価値をもつものではなくて，やはり諸他の愛着的傾向と同列に立つものである。（Kant／篠田, 1960, pp.32-33)

　事が調子よく運べば，行為者は世上の称賛と励ましとを受けるだろうが，しかし尊敬に値することにはならない，彼の行為の格率は，道徳的価値内容を欠くからである，つまりこのような行為を傾向性からではなく，義務にもとづいて為すという道徳的価値が欠けているのである。　　　　　　　　（Kant／篠田, 1960, p.33)

　こうしたカントにとって，唯一「道徳的」と言えるものは「義務」に基づいてなされた行為のみである。そして，「義務」に基づいてなされた行為とは，理性的存在者，すなわち「人格」によってなされるものであるが，こうした行為は「君自身の人格ならびに他のすべての人格に例外なく存するところの人間性を，いつでもまたいかなる場合にも同時に目的として使用し決して単なる手段として使用してはならない」（Kant／篠田, 1960, p.103）という原則にかなったものでなければならない。
　こうして，道徳はカントによって特定の内容（具体的行動）から切り離され，「義務」，すなわち理性的存在としての人格を中心に据えた普遍的行為規則として再定義されることになった。だが，こうしたカントの道徳概念にも，今日的な観点からは不十分さが見いだされる。すなわち，彼はヨーロッパ的な理性観を自明の前提とし，そうした理性観にかなった行為をとる人々を絶対的な目的としてみなしているのである。しかし今日，かつてヨーロッパ的な理性観のもとで普遍的な価値や規範とみなされてきたものが，特定の宗教や文化に由来するものであり，そうした価値や規範を他の宗教や文化のもとで暮らす人々に対して強いることが実は暴力性をはらんだものであることも，様々なかたちで指摘され，さらに現実に社会問題化するようになっている。たとえば，フランス社会は長らく宗教的中立性を尊重し，公立学校において特定の宗教性を示す衣

服を身につける事を禁止してきた。だが，そもそも洋服の着用を基本とするヨーロッパ文明はキリスト教文化のもとで成立したものであり，中立性を尊重するはずのそうしたきまりが，洋服を身につける人々（すなわちキリスト教文化の影響下で暮らす人々）には何の支障も与えない一方，スカーフやベールの着用を義務づけられる女性イスラム教徒を学校から排除するという，宗教的非中立性を示すものであったことに対しては近年，批判の声も上がっている。

　こうした点については，現代の哲学者ハーバーマス（Habermas, J.）もまた，テイラー（Taylor, C.）の主張に拠りながら，従来の道徳観が西洋中心主義的なものであった点を指摘し，その限界を次のように論じている。

　　　人類学的知見を考慮すると，われわれは，カント主義的道徳理論が解釈するような道徳コードが，可能な複数の道徳コードの内のひとつにすぎないということを認めねばならない。（中略）それ故に，倫理的認知主義者が自分たちの好みの道徳原理に普遍性請求を掲げることを，「自民族中心主義的な誤謬推理」ではないかと考えるのは，もっともな疑問なのである。　　　（Habermas／三島ら，1991, pp.127-128）

3．ハーバーマスの討議倫理学

　ハーバーマスは現代社会において人々が暮らす社会，そしてその社会が有する文化や習慣が異なるという事実を前提として認める。しかし，こうした文化や習慣は同時に，人々の「生活世界」として，人々の日常的な行動や思考様式を支えているとされる。

　　　生活世界においては，道徳的，認知的，表現的な要素に由来する様々な文化的自己理解が，相互に絡まりあっているのであるが，（中略）この人倫の圏域では，さまざまな義務が，背景的確信に支えられて当然に受け入れられており，そのようにして，これらの義務は具体的な生活慣習と網の目のごとく絡み合っている。
　　　　　　　　　　　　　　　　　　　　　　　（Habermas／三島ら，1991, p.170）

　それゆえ，道徳を特定の内容（具体的行動）から切り離し，各人の置かれた

状況を問わずに普遍的行為規則として再定義しようとする立場にたいしては，批判が向けられる。

> 善き生の理念というものは，決して抽象的な当為として念頭に浮かぶような観念ではない。それは，それぞれの文化や人格におけるある統合された構成要素を形造るかたちで，集団や諸個人のアイデンティティに刻印されているものなのである。
> 　　　　　　　　　　　　　　　　　　　　　（Habermas／三島ら，1991，p.171）

だが，こうした文化や習慣の存在を認めるにしても，人々がみずからの生活世界を当然視し，みずからをとりまく文化や習慣のみに従って行動すべきと考えるのでは，それはカントの批判したところの「傾向」に従った行動にとどまることとなり，けっして「道徳的」な行動とは呼べないだろう。ハーバーマスもまたカントと同様，あくまでも普遍性をもった道徳を追い求めるのである。

そこで，ハーバーマスはマッカーシー（McCarthy, T.）の言葉を引用しながら，カントの定言命法を次のように変形する。

> すべての他者に対して，わたしが普遍的法則であると考えたい格率を，妥当なものだとして押し付けるのではなく，自分の格率を他者の前に提示し，その普遍性請求をディスクルスを通じて検証するのでなければならない。重点は，すべての人が（一人ひとりとして）矛盾なしに普遍的法則として意志しうるところのものから，すべての人が一致して普遍的規範であると承認するところのものへと移動する。
> 　　　　　　　　　　　　　　　　　　　　（Habermas／三島ら，1991，pp.110-111）

ここでは討議（ディスクルス）を通じた検証という考え方が示されているが，これはハーバーマスの理論の中核となる考え方であるため，念のため確認をしておきたい。

> われわれはコミュニケーション（あるいは談話）の二つの形式を区別することができる。一方はコミュニケーション行為（相互行為）であり，他方は討議である。前者では情報（行為に関係した経験）をとりかわすために，意味連関の妥当性が素朴に前提されている。これに対し後者では問題視された妥当要求が主題化されるが，

情報はとりかわされない。コミュニケーション行為においては同意が成り立っていたが，この同意が問題視されるときには，われわれは討議において，これを基礎づけることによって回復しようと試みる。この意味で私は今後（討議による）了解と言うことにする。了解は，コミュニケーション行為において素朴に前提されていた打倒要求が問題視されるときに発生する状況を，克服することを目標にする。つまり了解は，討議によってもたらされ，基礎づけられた同意に至るのである。

(Habermas & Luhman／佐藤ら，1984, pp.138-139)

ここでいう同意とは，たとえば，われわれが買い物に行ったとして，お店の店員はいきなり殴りかかってきたりはしないだろう，自分が渡したお金を着服したりはしないだろう，お金と引き換えに商品を渡してくれるだろう，渡される商品は盗品などではなく，ちゃんとしたものだろう，といった，前提の共有のことである。われわれは通常，他者と生活世界を共有していることによってとくに大きな困難もなく様々な同意（前提の共有）を生み出し，他者と相互行為を円滑に遂行している。買い物に際して，事前にわざわざ「取引とはどのような行為か」といった前提を確認し合ったりすることはないだろう。しかし，他者との相互行為において前提の共有が成立していないことが明らかとなった場合，私たちは討議を通じて両者の前提の共有を図り，同意を回復しなくてはならなくなる。さもなければ，相互行為は継続不能となってしまうのである。

わたしは，当事者たちが彼らの行為プランを合意によって調整する相互行為を，コミュニケーション的と名づける。このコミュニケーション的な相互行為における行為調整に際しては，そのつど了解（Einverständnis）がめざされるわけであるが，そうした了解に達したか否かは，妥当請求の間主観的な承認が得られたかどうかを基準にする。明示的に言語をもってなされる了解プロセスにおいては，行為者は，相互になにかについて了解しあうための言語行為をもって妥当請求をかかげる。その際，この妥当請求は，（中略）真理性請求か，正当性請求か，誠実性請求かに区別される。戦略的行為の場合には，相互行為を望ましい方向に継続させようとする時に，ひとは他者に対してサンクションの脅威か報償の望みをもって経験的に影響を与えようとする。これに対してコミュニケーション的行為の場合には，ひとは他者によって応答行為へと合理的に動機づけられるのである。そしてこの動機づけは，

言語行為提示の発語内的な結合力によっている。(Habermas／三島ら, 1991, pp. 97-98。引用に際して，「諒解」の語を「了解」に置き換えている。)

　戦略的行為とは他者に働きかけてみずからのめざす方向へと動かし，みずからの目的を達成しようとする行為である。そこでは，カントが批判したように，他者はあくまでも手段としてのみ存在することとなる。それに対し，コミュニケーション的行為においては他者もみずからも，すなわち人格たる双方が対等の立場に立って討議を行い，両者の間での了解を生み出すことがめざされる。

　　話し手が聞き手をして，そのような言語行為提示の受諾へと合理的に動機づけるのは，話されたことの持つ妥当性のためではない。そうではなくむしろ，話し手が，必要な場合には妥当なものとみなした請求を請けもどして確証するよう努力するとの保証を与え，この保証が調整に作用するためである。話し手は，みずから与えた保証を，真理性請求や正当性請求の場合にはディスクルスによって，すなわち根拠を提出することによって，誠実性請求の場合には一貫した行動を行うことによって，履行することができる。（中略）そして，聞き手が話し手によって提示された保証を信頼すると，話されたことの意味に含まれているところの，相互行為の帰結にとって重要な義務づけの力が，効力を発揮するのである。行為義務は，例えば，命令や指図の場合には第一に受け手に，約束や予告の場合には話し手に，協定や契約の場合には両者に均等に，規範的内容を持った推奨や警告の場合には両者に不均等に課せられる。　　　　　　　　　　　　　　(Habermas／三島ら, 1991, p. 98)

　すなわち，コミュニケーション的行為においては双方が対等の立場で討議を行い，両者の心からの納得に基づいた了解が生み出されるため，結果として，その了解によって，特定の行為を行うという義務が生じるのである。こうして，相互の了解に基づき生み出された行動期待，あるいは行為義務が新たな道徳を生み出すことになる。

4．価値多元化社会の道徳とハーバーマスの討議倫理学に基づく道徳教育

　近年，児童生徒の道徳性が低下している，規範意識が薄れているとの問題意識が一般的に高まっており，道徳教育に力を入れることが求められている。そこでは，道徳性が児童生徒に内在的なものとして捉えられ，価値規範の社会的相対性がほとんど視野に入れられないままに議論が行われている。しかし，たとえば次のような事例を考えてみるならば，その問題点が明らかになるだろう。

　　①16歳の日本人生徒が修学旅行先のドイツでビールを飲む
　　②18歳のイタリア人高校生が日本でワインを飲む

　これらは，一見すると反道徳的な行為であるように思えるが，次のような事情を考えるならば，道徳的であるとも道徳的でないとも言えない事例である。まず，当事者の国籍にかかわらず，ドイツでは16歳以上にビールやワインの飲酒が認められている。また，当事者の国籍にかかわらず，イタリアでの飲酒可能年齢は全種類18歳以上だが，日本では20歳に限定されている（WHO，2014）。法的には合法／違法が明確であるにもかかわらず，われわれは「日本人生徒」や「イタリア人」としてのふるまいに一定の期待を抱き，その期待をもとに行動の是非を評価するのである。

　このように，ある行為をどのように評価するかは，どのような文化を基準に考えるかによって異なる。そのため，児童生徒の道徳性を考える際には，その児童生徒が暮らす社会，あるいは「児童生徒の道徳性を論じる者」が暮らす社会における価値規範を考慮する必要があると言える。児童生徒のいかなる行為も，いかなる時代・状況下においても常に道徳的であり続けたり，逆に反道徳的であり続けたりすることはできない。児童生徒の行為が道徳的であるかどうかは，「その行為を評価する者」が前提とする価値規範に照らした際，その行為が「道徳的と評価されるかどうか」によって決定されるのである。換言するならば，「道徳性のある児童生徒」とは，「他者から道徳性があるとみなされた児童生徒」のことであって，その児童生徒がみずからの行為を「道徳的である

とみなしているかどうか」は必ずしも重要ではない。

　かつて,「行為を行う本人（児童生徒）」も「行為を評価する他者（大人・教師)」も比較的同質の価値規範を共有していた時代においては,児童生徒が「当然のもの」として行う行為は大人からも「当然のもの」として評価されていたかもしれない。しかし,「行為を行う本人（児童生徒）」と「行為を評価する他者（大人・教師)」の価値規範が一致しない場合,ある児童生徒が「当然のもの」として行う行為が大人や教師からは「当然でないもの＝反道徳的な行為」として評価されることが生じるのである。

　そもそも現代においては,大人どうしの間でも価値規範が一致しない事態が数多く生じ,「ある大人の価値規範には適合している」はずの児童生徒の行為が「別の大人の価値規範に従うと不適切（＝非道徳的）と判断される」事態も多い。たとえば,電車のなかで年長者に席を譲るかどうかが問われる場面において,ある規範に基づけば「年長者に席を譲るべきである」と考えられるものの,別の規範によれば「年長者を年寄り扱いすることは失礼である」と考えられ,席を譲るべきでないということになる。さらに,子どもたちの学校生活においても,ある規範に基づけば「興味がなくとも授業中は静かにしておくべき」と考えられる場面が,別の規範によって「興味のないものを我慢して聞く必要はない」という場面として解釈されたりすることもある。

　こうしたなか,児童生徒のなかには「不適切＝反道徳的」であることを理解した上でその行為を行う者（確信犯）も確かに存在するが,それでも,「みずからの行為が不適切であることを常に意識しているにもかかわらず実行する」ことができるような者の数は多くないだろう。「反道徳的な行為を行っている者」とは「反道徳的な行為を行っているように見える（他者から評価される）者」のことであるが,そのような者も実際には「評価者が前提としているものとは異なる価値規範に従うかたちで行動」している場合が多いのである。そのため,児童生徒自身はたんに「反道徳的な行為」を行っているのではなく,「何か別の価値規範に従えば適切（＝正しい）と評価される行為」だと理解した上で,そのような行為を行っているのではなかろうか（図2-1参照)。

　そもそも,今日,グローバル化のなかで社会が多様化し,生活世界の共有が揺らぐなか,もはや普遍的・統一的な価値規範の存在が想定しえない状況と

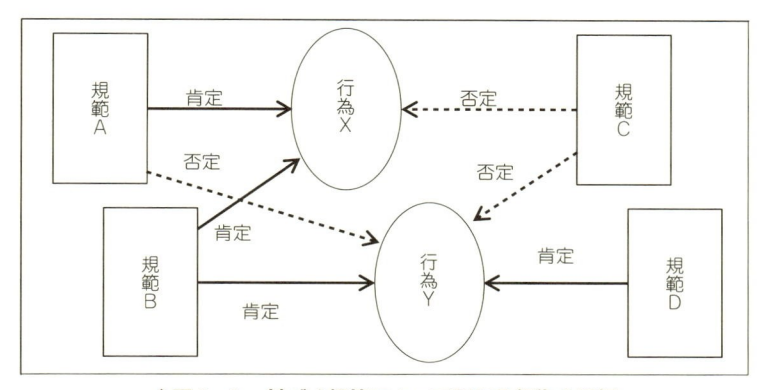

◆図2-1　基づく規範によって異なる行為の評価

なった。その結果，児童生徒の行動がどのような観点から見ても適切／不適切（＝道徳的／反道徳的）であることはほとんどなくなり，もはや児童生徒の従う価値規範と大人・教師の従う価値規範とが一致することも当然ではなくなったと言える。そのため，児童生徒の行動に対しては，大人や教師が従う価値規範を唯一正しいものとしてみなし，児童の行動の是非を判断するのではなく，児童生徒の行動の背後にある価値規範についても目を向け，児童生徒と大人や教師が共同でその都度の場面において妥当となる価値規範を模索する必要が生まれているのである。

　こうした状況変化を受け，ハーバーマスの討議倫理学に基づく道徳教育の可能性を追究する渡邉満は，従来の道徳教育の問題点を次のように指摘している。これまでの道徳教育の基本的な考え方は，児童生徒が社会生活上必要と思われる価値規範について，日常生活に類似した状況についての資料を通して考えることにより，道徳的心情や道徳的判断力をはぐくむことを目的とするものであった。しかし，日常生活のなかで児童生徒が直面する様々な葛藤は，このような考え方に基づく学校の道徳教育への不信を生じさせることになる。なぜなら，そこでの道徳的思考は個人の枠内に限定されたものであり，社会の枠内では展開されないために，社会的状況のなかで生じる道徳的実践に対して応用することができないものにとどまるためである（渡邉，1999, p.99）。

　道徳の規範それ自体や，人々によるその規範の解釈方法は，あくまでも社会

的に構成される。そのため道徳教育においては，何か普遍妥当的な規範が存在し，その内容を児童生徒に伝達し，内面化することをめざすのでも，個々の児童生徒に自由に自分なりの価値規範を考えさせるのでもなく，社会的合意としていかなる価値規範を妥当なものとして承認し，尊重していくのかを考えさせることが求められる。渡邉は次のように述べている。

> 道徳教育は，主体的な枠の中でとらえる道徳教育ではなく，むしろ児童生徒が日常生活や学校の教室において行っている社会的相互行為の基盤にある相互主体的なコミュニケーション的行為によるそれとして構想されなければならない。
> (渡邉, 1999, p.99)

では，こうした「社会的相互行為の基盤にある相互主体的なコミュニケーション的行為による」道徳教育とは，どのようにして可能となるのだろうか。ハーバーマスは，その討議倫理学を次のような二つの原理にまとめている。

まず，一方は普遍化原則（U）であり，次のような言葉で定式化される。

> すべての妥当な規範は，各々の個々人の利害を充足させるためにその規範に普遍的に従うことから生ずると予期される結果や副次効果が，あらゆる当事者によって強制なく受け入れられうるという条件を満足しなければならない。
> (Habermas／三島ら, 1991, p.191)

そして，もう一方はディスクルス倫理の原則（D）であり，次のようにまとめられる。

> すべての関与者が，実践的ディスクルスの参加者として，同意を与えた（与えるであろう）規範のみが妥当を請求しうる，ということである。
> (Habermas／三島ら, 1991, p.149)

実際の生活において，こうした条件が揃うことはまれであり，もしかするとこの二つの原理に依拠したハーバーマスの討議倫理学は非現実的なものとみな

されるかもしれない。だが，道徳を各社会の文化や習慣に支えられた特定の内容（具体的行動）として定義しようとする立場も，そうした特定の内容から切り離して普遍的行為規則として再定義しようとする立場も，上で見てきたように問題をはらんだものと言えよう。今日，討議倫理の可能性が注目されているのは，たんに討議倫理学が便利で効果的だからではない。討議倫理学以外の立場の正当性が揺らいでおり，もはや充分に支持しえないものとなりつつあるからこそ，残された討議倫理学に注目と期待が集まっているのである。

5．討議倫理学に基づく道徳教育の課題

　今日，グローバル化や価値の多様化・多元化といった社会変化の結果，生活世界の一体性が解体されつつあるなかで，討議倫理学はいわばパンドラの箱に残された最後の希望（ελπίς）ともなっている。だが，こうした討議倫理学に対しては，たとえ討議において理想的な議論がなされていたとしても，現実の行為には反映されないのではないかという批判も寄せられよう。ハーバーマスはこの点について次のように論じている。

> 道徳理論上の主題が気の抜けたものにされないためには，論議へ参加する用意のあること，もっと一般的に言うと，自分の行為に責任を取る用意のあることが実際に前提されなければならない。　　　　（Habermas／三島ら，1991，p.158）

　しかし，いかなる人々も「『イエス』とか『ノー』とかをもって立場を定めることを持続的にせざるを得ないコミュニケーション的な日常実践からは，離脱することができないのである。（中略）いかなる社会文化的生活形式においても，コミュニケーション的行為を継続しようとするならば，少なくとも暗黙のうちには論議という手段を使用せざるをえないのである」（Habermas／三島ら，1991，p.159）。

　それゆえ，われわれは日々のやりとりが不可避的に持つコミュニケーション的行為としての側面に目を向け，価値規範は常に意図されないままにも討議を通じてその妥当性が確認され続けているという事実を意識することが必要にな

ろう。その上でわれわれはそうした討議を用い，道徳教育の中でも価値多元化社会において，その都度妥当する価値規範の共同的的な確認を進めていかなくてはならないのである。

● 引用・参考文献

Aristoteles／高田三郎（訳）（1971）．ニコマコス倫理学（上）　岩波書店
道徳教育の充実に関する懇談会（2013）．今後の道徳教育の改善・充実方策について（報告）
Habermas, J.／三島憲一・中野敏男・木前利秋（訳）（1991）．道徳意識とコミュニケーション行為　岩波書店
Habermas, J. & Luhman, N.／佐藤嘉一・山口節郎・藤沢賢一郎（訳）（1984）．コミュニケーション能力の理論のための予備的考察　批判理論と社会システム理論——ハーバーマス=ルーマン論争　木鐸社
Kant, I.／篠田英雄（訳）（1960）．道徳形而上学原論　岩波書店
渡邉　満（1999）．コミュニケーション的行為理論による道徳教育の可能性　兵庫教育大学研究紀要　第1分冊　第19巻
WHO（2014）．Global status report on alcohol and health 2014（http://www.who.int/substance_abuse/publications/global_alcohol_report/msb_gsr_2014_2.pdf?ua=1　2015年12月1日閲覧）

第3章

承認論と道徳教育
―テイラーとハーバーマスの比較から―

1．はじめに

　今日，世界の大きな問題，そして私たちの身近な問題を理解するうえで「承認」は非常に重要な視点である。今日のグローバル化は，宗教・民族・文化において混交をもたらす。その際生じがちなマイノリティへの軽視は，彼／彼女をして承認要求へと向かわせる。またグローバル化は，マジョリティ／マイノリティを問わず，その（反）作用として各文化・民族の自意識を高め，その独自性への承認要求を上昇させる。過激になると民族間紛争へと展開しかねない。またフェミニズムやジェンダー論は，今や性差の問題圏を超えて，個々人の自由で多様なアイデンティティやライフスタイルの承認要求へと展開している。しかし，それは既存の価値観との葛藤をもたらす。このように現代は，「承認をめぐる闘争」（Honneth／山本・直江，2003）の時代なのである。

　これらを背景にしたとき，道徳教育はどのように構想されるべきか。本章ではこのことを，チャールズ・テイラー（Taylor, Ch.）とユルゲン・ハーバーマス（Habermas, J.）の承認論の比較を通して考察する。前者は文化・共同体それ自体の価値尊重――コミュニタリアニズム――，後者は個人の権利の保全――リベラリズム――の立場から議論を展開している。考察では，両者が相補的な関係にあることを示し，そこから道徳教育においても「差異の原

理」と「平等の原理」が重要となることを論じる。

　なお，テイラーの承認論として「承認をめぐる政治」（Taylor／佐々木，1996），ハーバーマスのそれとして「民主的法治国家における承認をめぐる闘争」（Habermas／高野，2004，pp.232-268）を，それぞれ考察の対象とする。なお，後者は前者へ応答したものである。

2．テイラーの承認論—人間の生における背景の重大性／コミュニタリズム—

(1) テイラーの政治的・学問的背景

　テイラーは1931年カナダ・ケベック生まれの政治哲学者である。ケベックはフランス系住民が多いところであり，イギリス系が圧倒的なカナダ国内で独特な意味合いをもつ。テイラーは多文化問題・承認問題が切実な場所で思考し，実際に政治家としてもこの問題に積極的に取り組んだ。彼の学問的背景は多岐にわたるが，ここではヘーゲル研究者であることを確認しておこう。ヘーゲル（Hegel, G.W.F.）は，カント（Kant, I.）が確立した，何ものにもよらない認識・判断の出発点たる人間の自由・自律と，それが埋め込まれている現実の共同体・文化・慣習の関係性を考察した。テイラーは個が全体に統合されるというヘーゲルの結論は受け入れないが，自由・自律と，文化・歴史の緊張を徹底して考察した点で評価している（Taylor／渡辺，2000）。こうした政治的・学問的背景が，彼の承認論にはある。

(2) 差異・多元性の存続志向

　テイラーによれば，現代社会は承認問題が緊急性をもったものになっている。というのは，自分は「誰」で「何者」か，というアイデンティティは他者からの承認によって形成されるので，承認されなかったり，歪められた承認が継続的になされることは，その人を抑圧・毀損し，場合によっては生命すら脅かすからである（Taylor／佐々木，1996，p.38）。したがって，テイラーは多様な個ないし集団を正当に承認すること，また諸共同体・諸文化が多様に存続する重要性を主張する（同，pp.100-101）。テイラーのこうした主張は，「差異をめ

ぐる政治」（以下，「差異の政治」）の肯定と関連してなされる。

　テイラーは，「差異の政治」を，「平等な尊厳をめぐる政治」（以下，「平等な政治」）と区別化して定義する。まず「平等な政治」は「近代的な尊厳の観念」に派生するものである。近代に入り，人間の尊厳が，普遍的に承認されるべきものとして語られるようになる。近代以前人々は身分によって区別化，階層化されていたが，近代社会においては，理念上人間として平等という考え方が定着するようになるのだ（同，pp.40-41）。これが，歴史をつうじて「平等な政治」（同，p.54）をもたらした。これは，人間としての平等（それゆえ差別の禁止）を実現する手段を関心事とする「『手続き的な』コミットメント」（同，p.77）であり，女性の参政権運動，有色人種の公民権運動がその典型である。

　これに対し，「差異の政治」は，18世紀末に登場する「真正さ」の理念に由来する。これも前者と同様「普遍主義的な基礎」（同，p.54）を有しているが，前者が平等性を強調するのに対し，「真正さ」の理念においては，かけがえのない独自性，他者との差異性が重要となる。「私らしさ」の追求が近代人の課題となるのである。この「真正さ」の理念が，「差異の政治」（同，p.54）をもたらしている。これは「平等な政治」とは対照的に，その人・集団の出自・属性，その生活形式の独自性を評価し，その存続を配慮しようとするものである。「差異の政治」は「『実質的な』コミットメント」（同，p.77）なのである。テイラーは，具体的には，カナダ・ケベックでの，フランス語文化の存続に関する施策（たとえば子弟へのフランス語教育の強制，フランス語での商業用看板の設置の義務化など）をあげている（同，p.73）。

　テイラーは「差異の政治」の方に積極的に価値を置く。もちろん，基本的な権利――「生命，自由，適法手続き，自由な言論，宗教の自由」（同，p.81）など――は必ず要求されなければならない。しかし，こうした基本的な権利以外では，むしろ「差異の政治」の推進を要請する。というのも，「平等な政治」は，「人々を，彼らにとって非本来的な，均質な鋳型へと押し込めることにより，アイデンティティを否定する」（同，p.60）可能性を秘めているからである。さらに，この「鋳型」は，カントが構想したような自律的自己であって（同，p.78），それは近代の西欧文化がモデルになっており，非西欧近代の文化を（無意識的にであっても）軽視することに繋がるからである。「平等な政治」

の立場でも，西洋以外の他文化・個人が一見承認されることがあるかもしれない。しかし，その承認は真のものではない。そこには他者への「尊重」はなく，「恩情」しかない（p.97）。「平等の政治」は，（無意識だとしても）西欧中心主義に立ったうえで，多元性を否定する方向へ向かうのである。テイラーは次のように述べる。「社会全体をかなりの期間にわたり鼓舞した人間の文化のすべては，すべての人間に対しなにかしら重要なものを語りうる」（同，p.92）。「この可能性をア・プリオリに無視することはこの上ない傲慢さを意味する」（同，p.101）。このようなテイラーにとって，「差異の政治」の優先は譲れないものである。

3．ハーバーマスの承認論―普遍的な人権尊重／リベラリズム―

共同体・文化の価値を承認しそれを積極的に保持しようするテイラーに対し，ハーバーマスは徹底して個の人権・自律を擁護する立場をとる。ハーバーマスの承認論とはどのようなものだろうか。

(1) ハーバーマスとは―コミュニケーション的理性―

まず，その基本的立場を確認しよう。ユルゲン・ハーバーマスは，1929年生まれのドイツの社会哲学者である。第二次世界大戦期のアウシュビッツに代表される蛮行への反省が彼の理論前提となっている。同様の前提に立ちながら，理性が野蛮に転化したことから，理性そのものへの諦念を語るアドルノ（Adorno, T.）とは対照的に，ハーバーマスは理性にコミュニケーション的理性という側面を見出した。つまり，人間の理性は，道具的理性（目的―手段思考）だけでなく，コミュニケーションによって到達した合意を合理的基準と見なす能力もある。彼は，人間にはこのコミュニケーション的理性を展開することで，社会を「よりよい」ものへ更新・変革する可能性があることを指摘した（Habermas／河上他，1985-1987）。

なお，コミュニケーション的理性への気づきは，「意識哲学」からの訣別のなかで生じている。ハーバーマスによれば「意識哲学」とは，人間のかかわり・コミュニケーション以前に確固とした「意識」が存在し，それが人間理性

の起点となるという考え方をさす。ハーバーマスによれば，この発想は，20世紀初頭からの言語論的転回——人間は意識の成立以前に，言語の網の目のなかに生まれ落ちており，すでに存在する言語の使用方法が人間の思考・判断を規定するという考え方——を踏まえれば維持できない。「意識哲学」は相互主観性の観点から転換されなければならない（Habermas／河上他，1985-1987）。

　1980年代に入り，ハーバーマスは，どのような条件の下でなされた合意であればみんなが納得するのか，すなわち合理的かという課題と取り組む（理想的発話状況の条件の再構成）。一方が他方を（意識的であれ無意識的であれ）権力関係を背景に脅して到達した合意は，合理的なものとは見なすべきではないからだ。これは討議倫理学として展開される。ハーバーマスの議論は，話し合い上の手続・倫理に焦点が合わされている。そのため，彼の理論は，話し合いで「自分（たち）で決める」（（間主観的な）個人主義），価値内容それ自体ではなく決め方の「手続に関心を注ぐ」（手続主義），その手続が「万人にうけいれられるかに配慮する」（普遍主義）と特徴づけられる（Habermas／三島他，2000，pp.73-182）。

　こうした討議倫理学は，1990年代以降民主主義国家の構想へと展開していく。ハーバーマスの国家理念は，次のようなものだ。コミュニケーション的理性を有する人々はそれぞれのコンテクスト・文化（生活世界）を背景にコミュニケーションし，その合意が法制定へとつながる。そして，その法だけが，国家・諸システム，そして個人を制御あるいは規制しうるというものである（Habermas／河上・耳野，2002）。

(2)「差異に敏感な普遍主義」

　それでは，こうしたハーバーマスの構想のなかに，「承認」の問題はどのように入ってくるのか。それは人々のコミュニケーションにおいて，である。ハーバーマスによれば，法制定へとつながるコミュニケーションには，万人にあてはまるかを関心の中心に据える道徳的議論，実際の現実をどうするかについての議論・交渉，それに加えて倫理的根拠をめぐるものがある（Habermas／高野，2004，p.248）。最後の倫理的討議において，自分（たち）の生についての価値や目標が問題となる。ここで不承認や歪められた承認への憤りや不正

の感情がくみ取られるのだ。性差，肌の色，出身民族（国）等に起因する差別が問題として議論される。そしてそれが，（一筋縄ではいかないとしても）法の変更，法整備をもたらし，新たな承認されるべき価値が，法体系によって保証されるようになる。

　ハーバーマスの承認論の特徴を，テイラーへの批判を明らかにすることで際立せよう。その批判の対象は，関連し合う三つの要素から成っている。第１は「平等の政治」と「差異の政治」の分離，そして後者の優先（同，p.235）。第２は自律概念の誤解（同，p.237）。第３は，個人より集団，手続より実質の優先である（同，pp.235-236）。第１に，ハーバーマスによれば，「平等の政治」と「差異の政治」は，分離しえない。むしろ，「差異の政治」は「平等の政治」のなかに位置づけられる。「権利の理論の個人主義的あり方」の「首尾一貫した実現」が重要なのである（同，p.238）。すなわち，普遍主義的・平等主義のなかでも，差異は十分に考慮できるのだ（同，pp.237-238）。第２に，ハーバーマスによれば，テイラーは自律の概念を，私的自律（「私」の自己決定）の意味でしか理解していない。自律には公的自律（共同でのコミュニケーションにより合意・決定していくこと）の側面もある。ハーバーマスの見方によれば，私的自律と公的自律の能力は相互前提的であり，切り離して論じることはできない。私的自律は，公的自律によって保証される必要があるし，公的自律は私的自律を前提にしないとありえないからである（同，p.237）。テイラーはこの二つを切り離して，私的自律のみを「平等の政治」に当てはめ，それを差異を考慮しえない不十分なものと見なしている。しかし「平等の政治」には公的自律の側面もあるし，それゆえ多様な差異に敏感に対応できる。第３は，テイラーが個人の背景たる共同体を善きものとして価値を置くことへの批判である。テイラーは既存の文化を承認するのみならず，将来においてその価値を存続させることも強調する（同，p.236）。しかし，ある特定の宗派がその信仰・存続のために子弟の公教育へのアクセスを制限したり，ケベック州が子どもにフランス語教育を強制したりすることは，ハーバーマスにしてみれば，とりわけ将来の個人の自己決定権への侵害であり許容できない（同，p.253）。文化的・共同体的背景からの承認要求は重要なものだが，それはその文化の「価値評価」に因るのではなく，あくまでも個人の権利要求に照らして尊重されなけ

ればならないのである（同，p.253）。

　このように見てくると，ハーバーマスのテイラーへの批判は，「個人」の自己決定の権利（自律）への侵害において焦点を結ぶと言える。これが翻って，ハーバーマスの承認論の特徴を示唆する。つまり，ハーバーマスの承認問題への応答，差異への考慮はあくまで，（合意を志向するコミュニケーション的自由を行使する）「個人」の権利の保証という枠組のなかで根拠づけられるのである。

4．テイラーとハーバーマス―差異志向と普遍志向の相補性―

　それでは，差異重視・多元志向テイラーとコミュニケーション理性・個人志向ハーバーマス，対照的な両者はどのような関係にあるのだろうか。

　上でみたようにハーバーマスのテイラー批判は，「なるほど」と思える。伝統・文化が意味深いものであるとしても，それを将来の世代に押しつけることは，個への侵害である。差異の尊重・存続志向は，平等な相互尊重を掲げるにもかかわらず，パターナリスティックな性格を帯びる。

　しかし，テイラーの立場からハーバーマスを見ればどうか。まず，論理的にコミュニケーションできる個人という，西洋で尊重される人間モデルが理念となっている。したがって人間のアイデンティティを一面化し，その結果優／劣，成熟／非成熟の区別も設けてしまう。またこのことは――テイラーが直接述べていることではないが――，差異志向という観点からすると，次のような難しさ・限界を孕む。すなわち，「討議理論は，正当化しうるいかなる排除の基準も表明しえない」（Benhabib／向山，2006，p.13）ということだ。つまり，討議倫理学は人が討議能力・コミュニケーション理性を持ちうるという点で普遍主義の立場に立つので，差異をもった他者（たとえば，子ども，障がいを持つ人，外国人など）は，討議メンバーには入らない。ハーバーマスは，自身の理論では差異を考慮しうると強調するが，原理的にみれば，この点は詰められていない。普遍主義・平等主義であるのに，皮肉にもそれゆえに人々のあいだに優劣を設けている。彼は，他者を討議から排除する基準を正当には説明できていない。ベンハビブ（Benhabib, S.）によれば，こうした限界を背負い込ま

ざるをえない討議倫理学の性質は「キメラ的」である（Benhabib／向山, 2006, p.13)。

　双方の立場ともに長所があり短所がある。二つの立場は，次のように考えると相互補完的だと言え，承認論にとってセットで必要な観点だと思われる。コミュニケーションという観点から個人の権利の方に就くハーバーマスの立場は，テイラー的立場があってこそ可能になり，また意義深いものになる。どういうことだろうか。ハーバーマスによれば，不承認，歪められた承認の集積が議論され社会問題として立ち上がり，それが新たな法整備につながる。つまりここでは，他者との葛藤，つまり差異の経験が，討議というコミュニケーションを駆動している。差異がなければ，ハーバーマスが社会変革へつながる議論は生じないのだ。差異なしにコミュニケーション理性は活性化されないのだ。また，コミュニケーション的理性は，合意という一点を志向する。しかし，かりにその完全な合意がくることを私たちは望むだろうか。画一的な風景に魅力を感じるだろうか。だとすると魅力的な生気あふれるコミュニケーションが活性化するために，差異は不可欠ではないか。つまり，ハーバーマスの志向性は，差異の存続を無条件に残そうというテイラー的姿勢によって可能になるのではないか（[注記] この見方は，(宮崎, 2004) に示唆を得た)。ただし，この差異志向は，個人の自律・自由の侵害になっていないか，ハーバーマス的立場の側からつねにチェックされなければならない。このように考えるなら，テイラー的差異の強調と，ハーバーマス的コミュニケーションの重視は相互に補い合う関係だと言いうるのではなかろうか。

5．道徳教育の原理──「差異の原理」／「平等の原理」──

　テイラーとハーバーマスの相補性，最後に，ここから道徳教育に対して何が言いうるかを考えてみたい。

(1)「差異の原理」
　まず，差異の涵養が，一方での道徳教育の原理になる。これを道徳教育の「差異の原理」と呼ぼう。

1) 教育目標に関して

「差異の原理」は，多様な文化・伝統・習慣を認識させること，保持する姿勢の育成などを，道徳教育の目標として根拠づけることができる。もちろん，そこには自国・自共同体の文化・伝統も含まれる。ただし，ここで注意しなければならないのは，それが他の諸文化・諸伝統に対して優れているからではなく，他と同様に承認すべき価値があるから，多様さが存在することに価値があるから，教育目標に据えられてしかるべきだという意識である。テイラーの言葉を借りれば，「人類の物語の全体に占める我々の位置が限られたものであるという感覚」，つまり「傲慢さ」を戒める倫理感覚が肝要である（Taylor／佐々木, 1996, p.101）。

2) 教育関係に関して

こうした「控えめ」な倫理感覚は，道徳教育の方法にもあてはまる。教師が何らかの価値内容（たとえば自文化の保持）を，児童・生徒に教えようとしていると想定しよう。このとき，教師は，一方でその内容の伝達（あるいは児童・生徒との合意）をねらいながらも，他方でその伝達が完全には達成しないことも願う必要がある。というのは，完全な伝達は，価値の同質化，差異の消滅になるからだ（[注記] この見方は（丸山, 2002）に示唆を得た）。

また，大人である教師のコミュニケーション手段は（論理的な）言語が主であるが，子どもである児童・生徒のそれは言葉が用いられても論理的なものとは限らないし，非言語的な表情・態度であったりもする。だとすると，「控えめ」という倫理感覚は，論理的な言語以外のコミュニケーション手段への開かれた態度も指示するだろう。多様な仕方でのコミュニケーションの承認は，世界の多様性の承認にもつながる。

目標レベル・方法レベルのいずれにしても，こうした一定の控えめさが，（道徳）教育上の倫理として教師に要請される。

(2)「平等の原理」

文化や個人の特殊性の承認は，近代の人権と抵触する可能性も有している。近代以後に生きる私たちにとって，やはりこの観点を手放すことはできない。すなわち自由・自律の普遍的・平等主義的保証である。その際，自律を間主観

的に展開したハーバーマスの理論が重要となる。そこで，ハーバーマスの提示するコミュニケーション論が，もう一方での道徳教育の指導理論となる。これを道徳教育の「平等の原理」と呼ぼう。

1）個の発達と集団の発達（「規範構造の組み替え」）の相互性

この「平等の原理」からは，さしあたり，ハーバーマスの発達理論，すなわち彼が参照するミード（Mead, G.H.）やセルマン（Selman, R.）の視点取得理論を踏まえたコミュニケーション能力の発達が重要となるだろう。しかし，これだけでは不十分である。ハーバーマスの承認論では，私的自律と公的自律の相互前提的な関係が重要であった。このことは，個の発達と，「生活世界の合理化」（学校教育に限定して言えば，学校や学級が，理由や根拠に基づいた合意に規制されるようになること）の連動性を示唆している。

この観点からは，渡邉のこれまで理論・実践が注目される（渡邉，2000，2002，2013）。というのは，渡邉は，個の発達と，学校・学級という「社会的関係の基盤にある規範構造を組み替えていく」ことをセットに，道徳教育を構想してきたからだ。渡邉によれば「規範構造」とは，「子どもたちが教室のなかに作りだしている関係の基盤」にあるものであり，それは子どもたちの「内的な道徳性の発達段階」に対応している。すなわち，前慣習段階，慣習段階，脱慣習段階へと高まっていかねばならないものである。なお，このときの道徳性の発達段階論とは，ハーバーマスがコールバーグ（Kohlberg, L.）の道徳性の発達段階を間主観性理論によって組み替えたものである（渡邉，2002，pp.122-123）。

2）個／集団の発達と承認—ホネットの承認論—

「規範構造」を組み替えることの重要性は，ホネット（Honneth, A.）の承認論（Honneth／山本・直江，2003）によって説明・補強される。ハーバーマスは，合理的合意条件の語用論的再構成から道徳理論を構想したが，ホネットはハーバーマス理論を承認という観点から人間学的に発展・深化させている。

ホネットによれば，コミュニケーション理性の十全な展開は，三つに区分される承認の成功，そしてそこから生じる三つの「自己関係」（「自己信頼」，「自己尊重」，「自己評価」）を不可欠とする（Honneth／山本・直江，2003，p.124以下，p.176以下）。「自己信頼」は，例えば家族や親密な友人関係などでの

「愛」にもとづく承認によって（「愛」の関係），「自己尊重」は「法のまえで平等」という普遍的な人間の尊厳にもとづく承認によって（「法的権利」の承認），「自己評価」はその人独自の能力・業績・特性にもとづく承認によって（「連帯」），それぞれ獲得される。また，「連帯」は，「法的承認」を，「法的承認」は「愛の関係」を前提にする。学校を念頭において言い換えれば，それぞれの個性が尊重され対話によって合意を追求する学校・学級は，人として平等に扱われる関係性（みんなが平等に意見を言ってよいと認め合える関係性，「○○のくせに，△△のくせに，意見を言うな！」という発言や気持ちが生じないような関係性）を，またこの関係性はその場に安心して居ることができる関係性（端的には「いじめ」のない，身体的・言葉の暴力のない，存在が無視されない関係性）を前提にするのである。

こう見てくると，個の発達と承認形式の進化はセットで重要だということは明らかである。「平等の原理」にたった道徳教育は，個人のコミュニケーション能力の育成と，集団の「規範構造の組み替え」を相互補完的に必要とする。心身ともに安心できる場を確実につくること，それを前提に論理的な言語使用・話し合い活動に馴染ませていくこと，それによって学校・学級を平等な関係性に仕立ていくことが段階的に重要となる。最終的には，こうしたことをとおして，特性や良さを認め合う相互の関係性が生じるのである。

6．おわりに

本章では，テイラーとハーバーマスの承認論の比較から，今日の道徳教育において何が重要となるかということを考察した。最後に，それを整理してまとめとしたい。

今日の承認問題に道徳教育が対応するためには，一方で「差異の原理」，他方で「平等の原理」が重要となる。「差異の原理」は，多元性を保持・存続することを関心とする（例えば，教育目標として伝統文化の保持が設定される）。「平等の原理」は，積極的には自律の保証，消極的な言い方では個の人権の侵害，差別禁止が関心事となる。なお，「平等の原理」は「差異の原理」に基づく実践が個の人権侵害をもたらしていないかを，「差異の原理」は「平等の原

第I部　グローバル化する現代社会における道徳教育

◆表3-1　承認問題への道徳教育アプローチ

差異の原理			平等の原理			
関心	差異性・多元性の保持		関心	(間主観的に理解された)(私的/公的)自律の保証　人権侵害の禁止　差別の禁止			
教育目標	(例)諸伝統・諸文化を知ること、存続させること	人間を一つの型にはめていないか→→→←←←個人の自律を侵害していないか	個人の自律性(コミュニケーション能力)の発達		自己関係	承認形式(規範構造)
^	^	^	脱慣習段階	相互尊重の対話によって合意を追求しようとする姿勢	→←→	特性(性差、出身、勉強、特技、スポーツなどで生じる個性)が承認・尊重されることによる、肯定的自己評価	連帯
関わり上の倫理	コミュニケーションにおける他者(子ども)の差異性保持への関心	^	慣習段階	既存の価値に合わせた判断	→←→	人間として平等に扱われていることからくる自己尊重	法
^	論理的言語表現以外(身振り・表情など)への開かれた態度	^	前慣習段階	自己中心的な視点・判断	→←→	心身の安全が確保されることによる、自己存在への信頼・安心感	愛

理」が個の多様のアイデンティティを抑圧していないかを，相互チェックし合わねばならない関係にある。承認問題全体としては，二つの原理はセットで必要なのである。また，「平等の原理」に導かれる道徳教育においては，一方で個人のコミュニケーション理性の伸展（相互の平等性を承認して，理由・根拠を提示して合意をめざすコミュニケーション能力の育成），他方で集団（学校・学級）の「規範構造」ないしは承認形式を進化させることが重要となる（表3-1）。

●引用・参考文献
Benhabib, S. ／向山恭一（訳）(2006). 他者の権利　法政大学出版局
Habermas, J. ／河上倫逸他（訳）(1985-1987). コミュニケイション的行為の理論　上・中・下　未来社
Habermas, J. ／三島憲一他（訳）(2000). 道徳意識とコミュニケーション行為　岩波書店
Habermas, J. ／河上倫逸・耳野健二（訳）(2002). 事実性と妥当　上・下　未来社.
Habermas, J. ／高野昌行（訳）(2004). 他者の受容　法政大学出版局
Honneth, A. ／山本　啓・直江清隆（訳）(2003). 承認をめぐる闘争　法政大学出版局

丸山恭司（2002）．教育という悲劇，教育における他者——教育のコロニアリズムを超えて——　教育思想史学会（編）　近代教育フォーラム
宮崎裕助（2004）．行為遂行的矛盾をめぐる不和——デリダと討議倫理学の問題——　フランス哲学・思想研究，9
Taylor, Ch.／佐々木毅他（訳）（1996）．承認をめぐる政治　E・ガットマン（編）　マルチカルチュラリズム　岩波書店
Taylor, Ch.／渡辺義男（訳）（2000）．ヘーゲルと近代社会　岩波書店
渡邉　満（2000）．道徳教育の再構築——コミュニケーション的行為を通して——　小笠原道雄（監修）　近代教育の再構築　福村出版
渡邉　満（2002）．教室の規範構造に根ざす道徳授業の構想　林　忠幸（編）　新世紀・道徳教育の創造　東信堂
渡邉　満（2013）．「いじめ問題」と道徳教育　ERP

第 4 章

言語ゲームと道徳教育

1．はじめに

　近年，ハーバーマス（Habermas, J.）の討議倫理に依拠する道徳教育論が注目されている。それは当事者たちが討議を通じて，より妥当な道徳規範を決定することを支持しており，たとえば，特定の道徳規範について，意見を異にする子どもたちが話し合い活動を行うような道徳教育の実践が目指されている（丸橋，2014）。

　本章では，哲学者ウィトゲンシュタイン（Wittgenstein, L.）の言語ゲーム論を視座として，その実践を支えている基盤を解明し，話し合いによる道徳教育の可能性を開拓することを目的とする。話し合い活動を取り入れた道徳教育は，子どもたち自身が抱いている規範意識を議論の対象にしようとすることで，彼らが暗黙のうちに従ってきた規範を問い直し，より妥当な規範につなげることができる。しかし，討議倫理は話し合いに参加するべきだという規範それ自体を話し合いによって基礎づけることができないという理論的課題を抱えている。本章の目的は，この課題への答えを，ウィトゲンシュタインの言語ゲーム論によって提示することである。

　そこでまずは，ウィトゲンシュタインの言語ゲーム論の素描から論を始めたい。

2．ウィトゲンシュタインの言語ゲーム論

　ウィトゲンシュタインは，20世紀を代表する哲学者と言われているが，教育学領域において，その思想が十分に理解されているとは必ずしも言えない。その要因の一つとして，彼自身，教育理論を吟味したり，効果的な教育方法を考案したりしなかったことがあげられるだろう。彼の関心は教育ではなく，私たちの言語使用の姿を，仔細に分析し考察することにあった。言語がどのように使用されているのかを，ゲームとのアナロジーにおいて捉えようとして，生み出したのが「言語ゲーム」というキーワードである。

　ウィトゲンシュタインによれば，私たちの言語使用にはルールがあり，それに従うかたちで言葉を使用しているという。それは，主語や動詞の並び方といった文法的な事柄というよりも，たとえば「おはようございます」と挨拶をするさいのルールに関することである。「おはようございます」という言葉は，適切な仕方で言わなければ機能しないし，程度の差こそあれ，適切な方法で使用しなければならないという規範を伴っている。「おはようございます」の例がイメージしにくければ，慶事の挨拶と弔事のそれとを履き違えてはならないという事実を念頭に置いてもらえばよいだろう。

　そしてこの言語使用の規範性は，言葉による説明のみでは完全に伝達することができない。もちろん「朝，人に会ったら，ちゃんと『おはようございます』と言いなさい」といったように，大人が子どもに挨拶のルールを教えることは可能であろうし，そのような教育の成果として，子どもが挨拶をするようになることもあるだろう。しかし，「朝」と言ったとき，それは何時から何時までを意味するのか，「人」というのはどれくらい交流のある人物を指すのか，あるいは「ちゃんと」とは具体的にどうすることなのか。言葉による説明は，説明しきれない残余を残し，そこを埋めようと重ねた言葉にもまた，曖昧な部分を生み出してしまう。

　では，言葉による説明が難しいとすれば，どのようにして言語使用の規範性は伝達されるのか。

　大人あるいは教師のするように子どもに模倣させ，「とにかくこうするのだ」とやり方を提示することによってだと，ウィトゲンシュタインは答えている。

彼の主著『哲学探究』には，教育の場面が頻繁に描かれており，ウィトゲンシュタインは，そこでのやりとりを通じて，言語のルールを読者に考察させようとする。

もちろん，彼の用いる教育場面は思考実験の産物であり，それゆえ哲学者の机上の空論にすぎないと思われるかもしれない。しかし，ウィトゲンシュタインの議論は，言語使用の規範性がどのようにして立ち現れ，そしていかに機能するのかを鋭く指摘しており，本章のテーマである道徳規範の解明にとって極めて有益な示唆を与えると考えられる。

以下では，ウィトゲンシュタインの『哲学探究』を中心的に扱い，①「訓練Abrichten」，②「同じことGleich」に伴う「仮借ない強制Unerbittlichkeit」の感覚，③「盲目的服従」といったキーワードに注目することで，言語使用の規範性のあり方を読み解いてゆく（平田，2013）。

3．言語使用の規範性の習得

(1) 訓練

ウィトゲンシュタインは，人間が言語使用の規範性を身につけるにあたって，まず訓練から始まると述べている。それは文法規則を口頭で説明するといった，いわば理知的な働きかけの行為ではない。教師がやっていることを，子どもに真似させるのである。彼は，訓練の過程を，建築家Aとその助手Bのあいだで行われるやりとりで説明する（Wittgenstein, 1953=1984, §2）。

建築家であるAは，助手Bを手伝わせながら石材を用いて家を建てようとしている。使われる石材は，台石，柱石，石版，梁石，の計4種類である。BはAの命令に従って，手際よく指定された石材を運ばなくてはならない。たとえば，Aが「台石」と大声で叫べば，Bは台石を急いで運ぶことになる。この建築現場で使用される語は「台石」「柱石」「石版」「梁石」のみである。もしBが間違って，「台石」という声に反応して柱石を持って行けば，無言で殴られるかもしれない。

この場面において，「台石」という語が何を指示し，どういう定義で用いられ，いかなる文法に従っているのかは，二者間では問題になっていない。建築

家Aの声に反応して石材を運ぶという行為に焦点が当てられている。ここにウィトゲンシュタインの強調点がある。すなわち，この石材を運ぶ実践に登場する助手Bのように，子どもたちもまた言語を習得するとウィトゲンシュタインは主張しているのである。

> 子どもたちは，このような活動を行い，その際このような語を用い，そしてそのようにして他人の言葉に反応するように教育される。
>
> (Wittgenstein, 1953=1984, §6)

(2)「同じこと」に伴う「仮借ない強制」の感覚

　だが，彼の思考実験に対して，以下のような疑問が抱かれるかもしれない。訓練のような単純な教育方法で，はたして言語使用の規範性を学ぶことができるのか。あるいは，子どもの能動的な側面をあまりにも軽視しているのではないか，と。

　前者の問いに対しては然り，後者には否，とここでは答えたい。ウィトゲンシュタインの思考実験には，それらの疑問に応答しているかのような論点が含まれているからである。別の個所で，彼はこう言っている。

> 人は自分の訓練している者に向かって，「見てごらん，私はいつも同じようにしているよ，私は……」と言うことができよう。　(Wittgenstein, 1953=1984, §223)
> 「規則」という語の使用は「同じ」という語の使用と結びついている。
>
> (Wittgenstein, 1953=1984, §225)

　この主張を，建築家Aと助手Bのやりとりを拡大解釈するかたちで考えてみよう。とある日，建築家のところに，新しい助手Cがやってくる。Cは，ずっと仕事をしてきたBと異なり，自分の仕事を一切理解していない。Aはこれまで通りの方法で「台石」と叫ぶが，助手Cはどうしていいか分からず，辺りをうろつくばかり。「何をやっているんだ！」と大声で叱りつけると，Cは，ますます混乱してしまった。ため息をつきながらAは建築作業を切り上げ，Cに向かって諭し始める。「私が『台石』と言ったら台石を運んでくるんだ。」「柱

石」と言えば柱石を持ってこい。あとは同じだ」。こうしてCは，Aの指示を理解できるようになり，「同じことを繰り返せばいいんだ」と独り言の一つもこぼすかもしれない。つまり，ウィトゲンシュタインのいう訓練には，とある重要な技術の伝達が含まれているのである。すなわち，建築家がやるように，弟子もまた「同じこと」ができるようになり，「同じこと」を自分自身で判断し，それに合わせて修正する技術である。

　建築家の教育を終えた弟子は，おそらく建築家のもとを離れても，「台石」が台石を意味し，それを運ぶ技術を覚えているだろう。「台石」という語を耳にして，つい柱石に手を伸ばしても，途中で手を引くことができるようになる。「いや，これは建築家の言っている台石じゃない。柱石だ」と自分で反省できるようにもなる。「私たちは，ある技術の教育を受けることによって，その技術と同じくらい定着したある考察法の教育も受けている」（Wittgenstein, 1956=1984, abschn.3, §35）のである。

　この自己反省は，理性的・合理的判断というよりも，ある種の直感的な判断に基づいている。それは同じことを峻別し，同じではないことを否定する感覚を伴う。ウィトゲンシュタインは，自然数を1つずつ足していくことを例にあげている。算数を学ぶにあたって，1の次は2, 2の次は3, 3の次は4, と「1, 2, 3, 4, ……」の自然数が続くことは，まず子どもたちが受け入れなければならない同じことである。これを学習していない子どもは，自然数を書き出すことに失敗したり，「3の次は，ええと……」とまごつきながら続けたりなど，簡単な四則計算すら分からないままだろう。

　しかし，「1, 2, 3, 4, ……」の自然数を学んでしまえば，それを書き出すことに何の困難も感じなくなる。むしろ，簡単で退屈な作業だと思うかもしれない。もし「2, 1, 4, 3, ……」と続く自然数を見たならば，それを書き損じだと子どもは考えるだろう。そんな書き方をした人に向けて「間違っている！」と言葉をぶつけるかもしれない。つまり，訓練を終えた人間は，これまでとは違うやり方を拒否し，従来のやり方を続ける「仮借ない強制」（Wittgenstein, 1956=1984, Abschn.1, §4）の感覚を抱くのである。

(3) 盲目的服従

　建築家の指示にしたがって石版を運ぶことを学んだ弟子が，もう失敗して叱られなくなるように，あるいは，自然数を理解した子どもが算数の授業についていくことができるように，言語使用のルールを学んだ人間は，その実践を円滑に営むことができるようになる。そして次第に，そのルールに対して盲目的な態度をとるようになる。

　「規則に従っているとき，私は選択をしない。／私は規則に盲目的に従っているのだ」（Wittgenstein，1953=1984，§219）とウィトゲンシュタインが述べているように，ルールに従って行為するとき，私たちはそれを疑ったりはしない。「3＋2」という足し算を行う場合，その答えが「5」ではなく本当は「6」ではないかという疑問を抱くことは，まずないだろう。「3＋2」が10進法ではなく4進法かもしれないから，答えは「11」ではないかと考え直すことも，まれだろう。なぜなら，ルールを疑っていたりその解釈に迷っていたりすれば，実践が滞ってしまうからだ。あたかも，ヒキガエルに踊り方を尋ねられ，これまで意識もしなかった足の運び方を考えたために踊れなくなってしまうムカデの寓話のごとくである。私たちの言語使用のルールは，普段，反省の対象とならないからこそ従うことができる。ウィトゲンシュタイン研究者であるウィリアムズが指摘しているように，他のルールの選択肢を思い浮かべ得ないという「代替盲alternative-blind」（Williams／宍戸，2001，p.280）こそが，ルールを身につけていることのメルクマールなのである。

(4) 数列ゲームにおける子ども

　これまでウィトゲンシュタインの言語ゲーム論に依拠することによって，次のような示唆を得た。すなわち，人間は同じことを看取することができるように訓練され，同じではないことに対する断固とした拒否の態度を獲得する。そしてルールに対して盲目的になるというものである。

　この，ウィトゲンシュタインが示唆する教育の姿は，どこか静的なものを連想させる。子どもは予定調和のように，ルールを身につけてそれに従うようになる，と。

　だがそれは誤解である。ウィトゲンシュタインは，教育が成功するよりも，

むしろそれが失敗してしまう場面に注目しているからだ。なかでも有名な「規則のパラドックス」と呼ばれる議論は，その代表例と言ってよいであろう。ウィトゲンシュタインは，「＋2」の足し算を書き続けることを，子どもに教える様子を描いている。その場面では，子どもは教師の指示通り「＋2」を描き続けている。おそらくは2からスタートし，2桁の数字，3桁の数字と，順調に足し算を続ける。その姿に満足していた教師だが，書き出される数が4桁になったところで，肝を抜かれてしまう。子どもは「1000, 1002, 1004, ……」ではなく「1000, 1004, 1008, ……」と書き始めたからだ。教師は慌てて制止し，「何をやっているんだ！」と子どもを叱りつける。しかし子どもは，こう反論するのである。「僕はこうしろと言われました……僕は同じようにやってきているんです！」。ここで，子どもの反応を整合的に解釈しようとすれば，教師が「＋2」という規則で理解していた事柄を，その子どもは「1000未満は＋2, 1000以上は＋4」という風に，場合分けしているように映るだろう（Wittgenstein, 1953=1984, §185）。

　このあまりにも突飛に見えるウィトゲンシュタインの思考実験は，教育にまつわる，重要でありながらもありきたりの事実を浮き彫りにしている。すなわち，教えても伝わらないことがあり，伝わらなければ子どもを否定的に捉えてしまうことがある，ということだ。この思考実験は，件の教師にとって，「＋2」のルールを教え続け，自分と同じことを真似させ，子どもが盲目的に服従するようになってきたと安心していた矢先の「不幸な事故」と言えるだろう。

　ウィトゲンシュタインが述べている同じことは，普遍のイデアの如きものではない。それは子どもの読み取り方によっては千差万別であり得るし，教師の意図通りの同じことを身につけるとも限らない。したがって，子どもへの教育を行う場合，教師にとって予想外の反応を，あらかじめすべて除外するようなことは原理的にはできない。「1000以上になっても＋2」だと説いたとしても，たとえば今度は10000以上で，子どもは突飛に見える反応を示すかもしれないし，それこそ将来的にどう反応するのか分からないだろう。あくまでも教師は，同じことに注意を向けさせ，一定程度の安定した反応が得られたならば，それに満足するしかないのである。

4．ウィトゲンシュタイン哲学の含意

(1)「どうして人を殺してはいけないのか」という問いかけ

これまでウィトゲンシュタインの言語ゲーム論から，どのようにして子どもが言語使用の規範性を獲得するのか，その理路を解明してきた。ここからは，彼の議論が道徳教育にもたらす含意について触れる。具体的には，言語使用の規範性と道徳におけるそれとを類比的に扱うことで，ウィトゲンシュタイン哲学からの示唆を導こうとしている。

たしかに，言語と道徳の規範性は異なるため，類比的に扱えば，そこには理論的飛躍が生じてしまう。だが，ヒース（Heath／瀧澤，2013）の指摘にあるように，道徳は，言語同様に複雑な文化的人工物である。生物としての人間の持つ規範同調性が言語を生み出し，合理的思考を可能にし，そして道徳を定式化しているため，道徳と言語は不即不離の関係にある。その意味において，言語の持つ規範性と道徳のそれが，構造的な類似性を持っているとしても不思議ではないだろう。

それに，ウィトゲンシュタインのひそみにならって言えば，言語と道徳の規範性を「家族的類似性」（Wittgenstein, 1953=1984, §67）の相において捉えるならば，道徳規範の特質を再認識させ，私たちの見方・考え方の転換を促してくれると思われる。よって，ここでは議論の厳密性よりも，その転換の可能性に向けて議論を進めたい。

さて，言語使用の規範性を身につけるならば，そのルールに対して盲目的になると，第3節において指摘した。これを道徳規範に置き換えると，道徳規範もまたひとたび身につけたならば，それに対して盲目的になると考えられる。

> 「どうして人を殺してはいけないのか」という問いを，とあるテレビ番組で投げかけ，そこにいた識者たちを絶句させた若者がいた。問いを発した当人の意図は分からないが，その若者の「異常さ」を指摘する説明がいくつかなされたものの，誰もその問いに直接答えることはなかったという。　　　　（永井, 2013, p.139）

この若者の問いに，絶句という反応がなされたことは，本章の議論にとって

きわめて興味深い事柄である。なぜなら、「人を殺してはいけない」という規範がどうして規範たり得るのかを説明できなかったということこそ、まさにそれが規範であることを示しているからである。

　ウィトゲンシュタインの言語ゲーム論によれば、とあるルールを生きる者にとって、それは盲目的に従うものではあっても、普段、問いの対象になることはない。もし、その若者の問いに真正面から答えようとすれば、「人を殺してはいけない」という道徳規範のない地平から思考する必要があり、その可能性を思考している間は、それは道徳規範としての効力を持たないと考えられる。「人を殺してはいけない」という道徳規範が存在しない可能性を真正面から問いかけるからである。

　もちろん「人を殺してはいけない」という道徳規範を保持しながら、それについて考察を巡らせることはできる。件の若者の「異常さ」を、論証の限りを尽くして指摘することすら難しくはないだろう。だが、それは真正面からの応答ではなく、あくまでも「人を殺してはいけない」という道徳規範を前提とした、いわば迂回路としての応答でしかない。思考の範囲が「人を殺してはいけない」という道徳規範の、いわば内部に限定されており、それが無効となる言語ゲームに対しては、想定が及んでいないのである。

　もし「人を殺してはいけない」という道徳規範が、真正面から問いの対象になり得るのであれば、問いへの回答や議論の展開次第では、その規範に従わないことがあり得ることを認めなければならなくなる。おそらく多くの人にとって、その道徳規範の「誤り」を指摘する、どれほど理路整然とした妥当な議論が展開されようとも、「人を殺してはいけない」という規範を捨てさせることにはならないのではないだろうか。

　ウィトゲンシュタインが「訓練」や「仮借ない強制」といったキーワードで示したように、あるルールに従う者にとって、それは問いの対象ではなく強制として立ち現れる。当該のルールから逸脱する可能性を断固として拒否する態度を、その者にとらせる。「＋2」の数列を書き出すことに「失敗」した子どもに対する、教師の拒否的な反応を思い出して欲しい。あの反応こそ、まさにルールに従っている者の、特徴的な反応なのである。

(2) ハーバーマスの討議倫理における緊張関係

　このウィトゲンシュタインの言語ゲーム論から導かれる帰結は，ハーバーマスの討議倫理を論拠とする道徳教育に，次のような示唆をもたらす。

　ある道徳規範をめぐって立場を異にする子どもたちが議論を交わし合い，より妥当な規範を見出そうとすることに，この道徳教育の特徴があると言えるだろう。価値多元化社会においては避けて通れない技法を学ぶという意味で，話し合い活動は必須になってゆくと思われる。

　ここで，上述の言語ゲーム論を下敷きにすると，話し合いによる道徳教育が孕まざるを得ない緊張関係が見えてくる。

　すなわち，とある道徳規範をめぐって，子どもたちが話し合いをしようとするとき，その対象となっている当該規範から，規範性が失われてしまう危険性があるのである。特定の道徳規範を生きる者は，それに対して盲目的服従の態度を形成しており，それへの侵犯を考えない。もし，その道徳規範について話し合いが可能であるとすれば，それを議論の対象にしているという意味において――短期間であれ長期間であれ――盲目的ではない状態に身を置くことになる。すなわち，道徳規範を議論の対象に設定しようとすることは，それが持つ仮借ない強制からの離脱を志向することにつながり，規範性を損なうことになりかねない。しかしだからこそ，逆説的にも，子どもたち自らが寄って立つ道徳規範を切り崩しかねないという緊張が，暗黙のうちに従ってきた道徳規範に反省を迫り，より妥当な規範に向けて，真摯な話し合いを促すことができる。

　逆に，この緊張関係を欠いた話し合い活動は，子どもたちの真摯な態度を遠ざけ，表面的な議論に終始させてしまうだろう。

　次のような場合を考えてみよう。話し合い活動の成果から，これまで自らが従っていた道徳規範よりも，ある別の道徳規範のほうが妥当であるという結論に至ったとする。そのとき，合意に至った新しい道徳規範に，子どもはすぐ従うようになるだろうか。

　無論，ハーバーマスであれば間主観的コミュニケーションによって規範性がもたらされると説明するだろうが，ウィトゲンシュタインの言語ゲーム論によれば，そのコミュニケーションのルールは訓練という非言語的基盤に負っている。話し合いの結果，たとえ妥当と判断されたとしても，訓練の伴わない「お

題目」としてのルールは規範性を持たないだろう。子どもたちが「嘘をついてはいけない」という「ありきたり」な道徳規範の意義を，より深い次元で納得したとしても，教室から一歩外に出た途端，元の考え方に戻ってしまったということは十分考えられるのだから。

　つまり，話し合いの結果には従わなければならないという規範があってこそ，上述の緊張関係は保たれ，より妥当な道徳規範に向けた話し合い活動が可能になるのである。

　そして，ここに討議倫理による道徳教育の最も大きな課題がある。すなわち，話し合いを尊重すべきであるという規範それ自身を，話し合いでは基礎づけられないことである。たとえば，他の子どもたちや教師との話し合いを拒み，誰の説得にも耳を傾けず，また自ら意見を述べることもない子どもがいたとする。その場合，その子を議論の場へと巻き込むことができるのだろうか。

　もちろん，教師が話し合いの重要性を説いて聞かせ，その子の参加を促すという方法が考えられるし，現実に功を奏することがあるだろう。だが，その行為自体は，すでに話し合いの重要性をパフォーマティブに前提にしてしまっており，その前提を共有しない子どもへの訴求力はない。

　もし，その子どもが「僕はもう分かっているから，こんな話し合いはしたくないし必要ない」などと反論すれば，その行為自体が遂行論的矛盾，すなわち自分の意見を述べて相手を説得しようとする態度を前提にしているため，十分に話し合いの大切さを話し合いによって示すことができるだろう。だが，そもそも議論を尊重せよという規範のない子どもに，話し合いの大切さを話し合いによって理解させることは難しい。

　ではどうすればよいのか。話し合いを尊重せよという規範を訓練すること，それである。より妥当な道徳規範を目指して話し合い活動を行い，その結果には従う。これを何度も繰り返し，そうすることが当然であると子どもに示すのである。

　たしかに，ウィトゲンシュタインの「＋2」の思考実験が示しているように，どのような訓練にも「失敗」の影はつきまとう。それでも，当面の間，子どもが自分と同じことをしているという結果に甘んじ，それを続けることが，話し合いを尊重せよという規範を効力のあるものにするのである。

5．おわりに

　本章では，ウィトゲンシュタインの言語ゲーム論を視座として道徳規範を捉え直し，仮借ない強制の感覚を伴う，盲目的服従の態度が基盤にあることを示した。そして，ハーバーマスの討議倫理に依拠した道徳教育が，話し合いを重視するがゆえに，道徳規範の伝達に困難があることを指摘した。

　だが，それは話し合いが，道徳教育において無効であるということを意味してはいない。ここで看過してはならないのは，話し合いを尊重すべきだという規範も，ウィトゲンシュタインの訓練から始まっているということであり，それ自体は話し合いよって基礎づけられるものではない，ということである。

　訓練は，すでにその言語ゲームを生きている人間によってもたらされる。話し合い活動を道徳教育において実践する教師は，その規範をすでに生きているからこそ，子どもたちに伝達することができる。それは子どもに意義を直接説くことではない。話し合いを尊重すべきだという規範は，事実，そうしているという態度によって示し，それに従うよう訓練することで伝えられる。

　当事者間の議論によって，より妥当な規範を決める道徳教育の実践は，これからの時代求められてくる。はたして，私たち自身が，議論を尊重して生きているのかどうか。まず問うてみるのも無駄ではないだろう。

●引用・参考文献

Bouveresse, J.／中川　大・村上友一（訳）（2014）．規則の力―ウィトゲンシュタインと必然性の発明―　法政大学出版局
Habermas, J.／清水多吉・朝倉輝一（訳）（2005）．討議倫理　法政大学出版局
林　泰成（2009）．道徳教育論　日本放送出版協会
Heath, J.／瀧澤弘和（訳）（2013）．ルールに従う―社会科学の規範理論序説―　NTT出版
平田仁胤（2013）．ウィトゲンシュタインと教育―言語ゲームにおける生成と変容のダイナミズム―　大学教育出版
丸橋静香（2014）．市民育成としての道徳教育1―ハーバーマスの討議理論を手がかりとした話し合いの指導方法―　丸山恭司（編著）　道徳教育指導論　共同出版
永井　均（2011）．倫理とは何か―猫のアインジヒトの挑戦―　ちくま学芸文庫

永井　均（2013）．哲学の密やかな闘い　ぷねうま舎
杉田浩崇（2014）．市民育成としての道徳教育2― 話し合いの難しさを考える― 丸山恭司（編著）　道徳教育指導論　共同出版
Williams, M.／宍戸通庸（訳）（2001）．ウィトゲンシュタイン，心，意味―心の社会的概念に向けて― 松柏社
Wittgenstein, L. （1953=1984). "Philosophische Untersuchungen", G. E. M. Anscombe u. R. Rhees （Hrsg.）, *Wittgenstein Werkausgabe, Bd.1*, Frankfurt am Main: Suhrkamp.
Wittgenstein, L. （1956=1984), "Bemerkungen über die Grundlagen der Mathematik", G. E. M. Anscombe, R. Rhees u. G. H. v. Wright （Hrsg.）, *Wittgenstein Werkausgabe, Bd.6*, 6. Aufl. Frankfurt am Main: Suhrkamp.

第5章

公共性と道徳教育

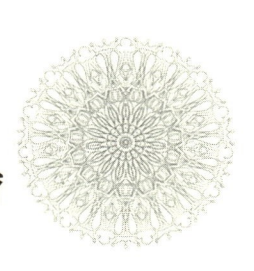

1．はじめに

　「公共性」という言葉は日常語としては馴染みの薄い言葉かもしれない。けれども，私たちの生き方や現代社会の在り方を考える上で重要な概念の一つである。実際，2000年代以降，さまざまな政策文書のなかで「新しい公共」という言葉が用いられたり，2015（平成27）年3月に一部改訂された小・中学校学習指導要領では，「特別の教科　道徳」において扱う内容項目として「公共の精神」が盛り込まれたり，2022（平成34）年度から全面実施される予定の高等学校学習指導要領では，公民教育に関わる科目として「公共」（仮称）が新設される方向で検討されたりしている。「公共性」は他者との何らかのかかわりを含み込んだ概念であり，道徳や道徳教育を考える上でも不可欠の概念である。

　ただ，「公共（性）」という概念は多義的である。たとえば「新しい公共」と言われる場合には，「従来の行政機関ではなく，地域の住民が（中略）共助の精神で参加する公共的な活動」（2010（平成22）年6月に閣議決定された「新成長戦略」より）などと説明されるのに対し，「公共の精神」は「社会全体の利益のために尽くす精神」（2015（平成27）年7月に公表された「中学校学習指導要領解説　特別の教科　道徳編」より）だと説明される（すなわちここでは「公共」は社会全体の利益にかかわる語として用いられている）。「公共性」

という言葉と向き合う場合には，その意味や歴史性，用いられる文脈などに十分注意する必要がある。

　本章では，このような「公共性」概念と道徳教育とのかかわりについて考察する。最初に「公共性」の概念と歴史を簡単に整理する。続いて，「公共性」を論じている代表的な社会哲学者としてハーバーマス（Habermas, J.），アレント（Arendt, H.），デューイ（Dewey, J.）を取り上げ，その思想を紹介しつつ，そこから道徳教育に対してどのような示唆が得られるのかを検討する。

2. 公共性の概念

(1) 概念の多義性

　齋藤（2000, viii）によれば，公共性の概念には，①国家に関係する公的な（official），②すべての人びとに関係する共通の（common），③誰に対しても開かれた（open），という三種類の意味を区別することができる。①の例としては，国家や地方自治体が行う事業は「公共事業」と呼ばれ，私企業や私人の活動と区別されることなどがあげられる。②の意味は「公共の福祉」や「公益」といった言葉に見られ，私権や私益などと対置される。③の意味は「情報公開」や「公園」などの言葉に見られる。

　また，この三種類は相互に対立する関係にもある。たとえば，②においては共通性や一律性が前面に出るのに対して，③は誰もが入れる，誰でも受け入れられる，といった多様性や複数性の契機を含んでいる。あるいは，国家はその国内の多様な人々からなる政治体であり，その意味では③の性格を含みもつが，他方では何らかのまとまりや共通性も備えており，さらに実際には情報公開を拒み秘密裏に物事を進めようとする傾向があることも否めない。このように，公共性という言葉をどのような意味で用いるのかによって，議論の性格がかなり異なってくる点には注意が必要である。また，このような多義性こそ公共性という概念の根幹であり，いずれか一つの意味に特化されてしまうと，公共性という概念を用いる意義が減ぜられてしまう点にも注意が必要である。

(2) 概念史的な考察

日本の近世における「公私」（おほやけ－わたくし）概念については，渡辺（2001）が，英語の"public""private"，漢語の「公私」と比較する形で分析を加えている。それによれば，まず"public"は，それが「人々」を意味するラテン語の"publicus"を語源としていることからもわかるように，その中核には「広く人民全体，国民全体，住民全体に関わる」という意味がある。これに対し，「おほやけ」の語源は「大きな家（ヤケ）」であり，そこに「人々」という意味は含まれていない。また，"public"は「人々」という意味から派生して「国家」（res publica）にも適用される。これに対し，「おほやけ」もまた政治体制を意味するものの，そこには最初から上下関係ないし包摂－被包摂の関係が含まれている。すなわち，「おほやけ」は，相対的により下位の位置から見上げられた上位の構成単位（幕府，藩，町，村）なのであり，政治体制としての「おほやけ」は，下位にある者（わたくし）から見てつねに「奉る」対象（「奉公」の対象）であった。さらに，漢語の「公」の概念は，英語で言えば"public"よりも"common"に近く，民の地平から皇帝の高みまで，天下におけるどの広がりにおいても，共通，共同，協同のものが「公」であり，そこには倫理的な正しさという観念も含まれる。この対義語が「私」である。これに対し，「おほやけ」には共通，共同，協同といった意味は含まれず，倫理的な善悪よりも権力的な上下関係に関する意味でのみ使われてきたとされる。これらの概念はいずれも，時代とともにその意味内容を融合的に変化させており，相互の意味の相違と共約不可能性を強調しすぎることには慎重でなければならない。ただ，日本においては伝統的に，「公」は国家や支配権力と結びつけて観念され，それに対して「私」はつねに相対的に下位の存在を指し示す語であったことが見て取れる。

少し寄り道になるが，ここで，「社会」「世間」の概念についても言及しておきたい。欧米では一般に，伝統的な地縁や血縁にもとづき，価値観を共有する自生的，共同的な集団を「共同体 community; Gemeinde/Gemeinschaft」，近代以降の自由な個人からなる選択的な活動空間を「社会 society; Gesellschaft」と呼んでいる。これに対して日本の場合，「社会」という言葉は，1877（明治10）年に西周が"society"の訳語として作り，その後定着したもの，また「個

人」という言葉が"individual"の訳語として広まるのは1884（明治17）年頃であったという（阿部，1995，pp.175-176）。それ以前には，日本には欧米的な意味での「社会」や「個人」という概念は存在せず，「社会」に類する観念として「世間」（ないしは「世」「世の中」など）と呼ばれるものがあった（現在でもある）。「世間」とは，「個人個人を結ぶ関係の環であり，会則や定款はないが，個人個人を強固な絆で結び付けている」もの，「個人が自らすすんで世間を作るわけではな」く，「何となく自分の位置がそこにあるもの」である（阿部，1995，p.16）。「社会」のあり方は個々人の意思にもとづいて決まると考えられているのに対し，「世間」は所与としてそれに属する個々人の行動を規定する。また，「世間」と個々人との間には，長幼の序，贈与・互酬などに関するいくつかの重要な原理があるという（阿部，1995，pp.17-18）。

　以上の概念史的考察からみる限り，日本では伝統的に，「公」は個人（私）に先立ってその上位に存在し，個人（私）を従属させるものとして機能してきたことがわかる。その表れが，政治的次元では「国家」であり，社会的次元では「世間」であり，そして「公」としての「国家」は「私」としての「世間」に優越してきた，という構図を描くことができるかもしれない。

3．ハーバーマスにおける「公共性」概念

(1) 市民的公共性の成立と展開

　「公共性 Öffentlichkeit」という概念を社会思想史的，政治的な概念として初めて取り上げて論じたのは，ドイツの哲学者ハーバーマスである。ハーバーマスの場合，公共性は，「そこで自由かつ多様な議論が交わされ合意が目指される場所」といった意味で用いられる（その意味内容を重視して，「公共空間」「公共圏」"public sphere"と訳されることも多い）。主著のひとつ『公共性の構造転換』によれば，その成立と展開は以下のようになる。

　17世紀末から18世紀の西欧市民社会では，市場経済の広まりを背景として教養市民層の自由な交流の場が生まれ（サロンやコーヒーハウス），そこでは次第に政治性を帯びた議論が交わされるようになる。誰でも参加できる多様性，公開性と，権力から自由な性格のゆえに，そこで成立した公論にはある種の真

理が含まれると考えられ，国家権力を批判的にコントロールする役割をもつと考えられるようになった（市民的公共性 bürgerliche Öffentlichkeit）。しかしその後，この市民的公共性は，無産者層への参政権の拡大と大衆民主主義の出現，福祉国家の出現と国民のクライエント化，市場経済に対する国家の役割の増大，公論形成の媒体であったマスメディアの商業主義化などを背景として，批判的な機能を喪失していき，国家が公共性を独占，僭称する事態を招くことになる。

もっとも，東西冷戦が終結しイデオロギー対立が消滅した後では，日常生活に関わるミクロ・ポリティクスへの関心の高まり，多様で身近なメディアの発達といった事情を背景として，市民的公共性は新しい形態と可能性をもつに至っている。具体例としてあげられるのは，必ずしも党派的ではないものの，共同生活という意味での政治に関わる関心や要求をともなった，さまざまな市民の組織や団体（Zivilgesellschaft）の活動である。その発言や活動は，私益に還元されない広がりと意義をもち，議会に代表される制度化された公共性に対して批判的ないしは補完的な役割を果たすことが期待されている。ハーバーマスによれば，市民のコミュニケーションが正当な力をもつのは，多様な観点から自由かつ対等な議論がなされるからである。市民が冷静に議論と合意を積み重ね，それが制度化された政治的意志決定のルートにも影響を及ぼし，よりよい政治社会が実現する――こうした過程をハーバーマスは「討議（熟議）民主主義 die deliberative Politik」と呼んでいる（熟議民主主義の類型については桂木，2005，p.182以降を参照）。

(2) 討議民主主義と道徳教育

少年時代にナチズムによるホロコーストという世界史的規模の相互不理解を経験したハーバーマスの，合意と共生を希求する強い思いとは裏腹に，その市民的公共性論は，公共性の名に反してきわめて特殊かつ閉鎖的なものではないかという批判がある（Frank／岩崎，1990）。政治社会の全体に関心をもち，時間をかけて考え，議論できる人々は，実際には時間的，経済的に余裕のある人々に限定される。また，言葉によって理性的に合意を追求する態度は一定以上の教養の水準を要求するものであり（教養市民層は無産者層と対話し合意形

成できるだけのコミュニケーション能力を持たなかったため，ポピュリズムを招く結果となった），文化的にみるときわめて特殊ヨーロッパ的，ロゴス中心的な伝統に根ざしている。討議民主主義はこのような対話のルールをまず相互に承認するところから始まるが，その時点ですでに，それ以外の文化的なルール（「沈黙は金」など）は排除される。双方が相互理解よりも相手の論破を目的としているなら，対話を重ねれば重ねるほど不一致や不信が増し，決裂に至ることも十分に考えられる。現実にはどこかの時点で多数決などの方法で何らかの結論を出さなければならない，という時間的な制約も無視できない。

　また，理性的な討議能力をもつ成人どうしの関係を前提とするハーバーマスの市民的公共性論を，そのままの形で教師－生徒の関係や生徒どうしの関係に当てはめることはできない。けれども，学校という場に目を向けると，学校は多様な子どもたちが集まる，まさに公共的な場であることがわかる。また，子どもたちの初期のコミュニケーション能力には差があるとしても，まさに子どもたちどうしの多様なコミュニケーションを通してその能力はそれぞれ向上していく。暴力ではなく議論によって妥協点を探り，合意を目指し，他者との共存を図る態度を育てることは，道徳教育に求められる大切な役割である。自らと同等の人格として他者に接すること，単に主張を掲げるだけでなくその根拠も示すこと，相手の主張や根拠も理解しようと努めること，場合によっては自説の修正や自己変容も厭わないこと（これは実際にはとても困難なことだが），見せかけの合意と真の合意を区別するのは自由かつ対等という条件であることなどを，ハーバーマスの公共性論は教えてくれる（ハーバーマス理論にもとづいた道徳教育の原理については，渡邉，2002を参照）。

　また，ハーバーマスは多数決に関して，「多数決による決定が成立したと認められるのは，（中略）それが決定を下さなければならないという圧力のもとで暫定的に打ち切られる討論の成果である以上，合理的な動機にもとづいてはいるが誤っているかもしれない成果であると受け止められる場合に限られる」（Habermas／細谷・山田，1994，xxxiii - xxxiv）と述べる。ここには，現実の合意のなかに含まれる不合意への想像力の重要性が語られているとみることができるだろう。今日，至る所でコミュニケーション能力の育成が語られるが，その文脈はグローバル競争のなかで勝ち抜くためという色合いが濃く，他者は

人格ではなく道具や手段とみなされている。過度に競争的な環境を緩和し，一人ひとりが安心して生きることのできる政治社会を築くための基礎として，学校における道徳教育の役割は大きい。

4．アレントの「公共性」概念
(1) 公的領域と複数性

　アレントはドイツに生まれ後にアメリカに亡命したユダヤ人の思想家であり，その思想はハーバーマスにも大きな影響を与えた。アレントは主著のひとつ『人間の条件』のなかで，人間の行為を労働（labor），仕事（work），活動（action）の三種類に区分する。生命の維持や生産物の産出にかかわる労働や仕事に対して，活動は議論を通して共同生活（＝政治）を担う役割をもつ，より高次の行為であるとされる。その上でアレントは，古代ギリシャのポリスを公的領域の原型と見なす。私的領域である家が個別的な生命の維持と再生産にかかわる場であるのに対して，ポリスの広場（アゴラ）は，人々がそこで交流し，商取引や裁判，そして何よりも民会が開かれ政治的な議論がなされる場であった。広場における議論のなかで，人々は自らが（何であるか（what），ではなく）誰であるか（who）を示し，他者との違いを際立たせた。アレントによれば，まさにこの多様性ないしは複数性こそが「人間の条件」なのだった。

　しかしながら，近代における「社会的領域」の広がりのため，複数性にもとづく公的領域は消滅してしまった。「社会的領域」とは，もともと家のなかで行われていた経済活動が私的領域を超えて広がったものである。近代の市場経済においては，もっぱら私益と自己保存の追求が共通の課題となり，人々の行為は「貨幣」という単一の尺度によって評価されるようになる。社会的（経済的）領域と公的（政治的）領域の区分は不分明となり，人間の条件であった複数性は消滅してしまった。そして，この一人ひとりのかけがえのなさの消滅と画一性の出現が，自ら思考し活動しない人々，周囲に同調し付和雷同する人々を生み出し，20世紀の全体主義の温床にもなったのである。

　ハーバーマスは公的領域における合意を重視したが，アレントはそこでの意見の差異と対立の契機を重視する。合意ないしは唯一の真理を掲げることは，

そこから外れたものに対する排除や抑圧を生むことにつながりかねないからである（Arendt, 1994b, pp.326-327）。異質な意見をもつ他者は，排除されるべき敵対者ではなく，対立しつつもよりよい生を共に築き上げる競合者とみなされる。アレントにおいては，多様な複数の人々からなる競合的な政治社会が強調されており，これは「闘技的民主主義 agonistic democracy」と呼ばれている（この構想はムフ（Mouffe, 2006）のラディカル・デモクラシー論にも受け継がれている）。

(2) 闘技的民主主義と道徳教育

　アレントが公的領域の原型とするポリスの公共性にも，ハーバーマスの場合と同様の難点が認められる。すなわち，広場での議論と政治活動に参加できたのは成人男性に限られていた（女性や奴隷には参加資格がなかった），という点である。意見の対立が他者の否定に向かうことがなかったのは，ともにより善い生を追求するという共通の目的が最初から共有されていたからであると言えるが，あらかじめそのような同質性を備えた参加者を互いに「他者」と呼べるのかどうかは疑問の余地がある（アレント自身はキリスト教的な「出生」概念を援用してこの難点を克服しようとする）。また，制度化された公共性と制度化されていない公共性との相互補完を説くハーバーマスとは異なり，差異と対立の契機を強調するアレントの議論は，政治活動の重要性を唱えながらも，現実の政治社会の仕組みとのつながりは（意図的になのかもしれないが）弱い（桂木, 2005, p.48）。

　こうした問題点を抱えながらも，アレントの公共性論は現代社会や学校教育に対して多くの示唆に富む。たとえば今日，子どもたちの間に同調圧力が強まり，つながることへの強迫や孤独への不安，その裏返しとしての気疲れや悩みが広がっていると言われる（土井, 2008）。アレントの言葉を借りれば，「社会的なもの」によって個々人の複数性がかき消されている状況である（大人の世界にも世間を過度に忖度して自制する傾向が指摘できる）。一人ひとり違う存在である点を出発点として，「違うけれども友達」，「違うからこそ互いに成長し合える」という関係が大切であることを，アレントの公共性論は示している。

　また，アレントの公共性論では，理性的なルールにもとづく議論と合意形成

よりも，差異の現れの場としての公的領域が強調されていた。学級での話し合いを例に取れば，挙手をした上できちんと根拠を示しつつ最後まで言い終わる模範的な発言だけではなく，つぶやきや不規則発言のなかにも真理の契機が含まれている場合もある，ということになろうか。ハーバーマスの公共性論にも言えることだが，話し合いにおけるルールや秩序の要求度が高すぎると参加者が限られ公共性の名に反してしまう。逆に，無制限の多様性を認めると話し合いは成立しなくなる。その判断力を高めることも，道徳教育の大切な課題と言えるだろう。

5．デューイにおける「公的なもの」の概念
(1) 公的なものとトランザクション

　デューイは，アメリカ社会が工業化を推し進め変貌を遂げる19世紀後半から20世紀の前半を生きた哲学者，教育学者である。デューイは終生，子どもの成長（growth）と民主主義社会の実現という課題に関心を寄せ続けた。

　デューイは，著書『公衆とその諸問題』の冒頭で，公私の区別に関して興味深い議論を展開している。物事は，その結果が当事者に限定されている場合には私的であり，当事者を超えた影響をもつ場合には公的である，という議論である。ここには，公共性をハーバーマスやアレントのように具体的な場所や空間と捉えるのではなく，物事の性格として捉える見方が示されている。しかも，その性格は物事に最初から備わっているのではなく，さまざまな物事の織りなす相関作用（トランザクション）のなかで決まる，とされる。デューイによれば，「私的なものと公的なものとの区別は，いかなる意味においても，個人的なものと社会的なものとの区別と同じではない」(Dewey, 2014, p.20)。このような捉え方は，決して特異なものではない。たとえば，1960年代後半以降のラディカル・フェミニズムでは"the personal is political"という標語が掲げられ，女性が家庭や職場で感じているさまざまな問題は個人の感覚の問題というよりも政治的，社会的な差別の構造に起因する（そして政治的，社会的に解決されるべき）問題であることが指摘されたが，これもデューイの捉え方に通ずるものと言えよう。

デューイが「公的なもの」をトランザクションに関わらせながら可変的な性格として捉える背景には，国家と個人をともにそれ自体で存在する実体とみなす見方を退け，連続的かつ相互に規定し合うものと捉える発想がある。社会の複雑化とともに個人が社会全体を把握することは困難となった。大衆の政治的無関心を背景に，専門家（政治家や官僚）の手に政治を委ねるべきとする主張も広まった。そうしたなか，デューイは，個人はそのままの形で，トランザクションのなかで公的な意味や役割をもちうる政治的存在（公衆 the public）であることに注目し，人々が主体的に政治に参加し国家を形作っていく民主主義の可能性を追求したのである。

(2) 参加民主主義と道徳教育

　よく知られているように，政治参加の観点からみた民主主義は二つのモデルに大別できる。一つは，アレントも着目した，古代ギリシャのポリスを範とする直接民主主義ないしは参加民主主義，もう一つはキリスト教的個人主義の伝統と近代的な国民主権思想を背景とする間接民主主義ないしはエリート（代議制）民主主義である（千葉，2000，p. 1 以下）。前者は，より直接的な民意の反映を通して政治の信頼性と正当性を高めることができるとともに，参加を通じて市民の政治能力や共同的意識の向上を見込むことができる。反面，このモデルは共同体の規模や複雑性の度合いに大きく左右され，さらに古代ギリシャにおける自由市民の政治参加は奴隷制という不平等を前提としていたことも先に見たとおりである。またこのモデルは，プラトンを直接民主主義への絶望と哲人政治の理想に向かわせる契機となった，いわゆる衆愚政治に転化する可能性もある。これに対して代議制民主主義は，国家規模の拡大と社会の複雑化，そして人々の初期の政治意識は必ずしも高くないという現実的な条件のもとで展開した。このモデルは，政治参加の手続き的な平等性と政治実践の効率化を可能にする反面，代表が民意を正しく代表することの困難さ，政治の専門家（政治家や官僚）と人々との相互不信の問題がつねに指摘される。また，大衆迎合主義という意味での衆愚政治に変質する可能性や，専門家の思慮が大衆の熱狂によって容易に転覆させられる可能性も排除できない。

　大衆民主主義の現実を見据えつつ参加民主主義の理想を追求していく上で

デューイが着目したのが，成長としての教育という機能である。周知のとおりデューイは，社会的に価値ありと見なされた知識・技能を子どもに伝えることでも，子どもの自発性を見守ることでもなく，トランザクションのなかでの経験の不断の再組織化としての成長を教育の目的とみなした（Dewey, 1975, p.127）。ある初期の時点では人々の間に政治能力の差があるとしても，成熟－未成熟という二項対立はあくまで相対的なものであり，さまざまな形での政治参加を通して公衆の卓越性の向上が図られると考えられた。成熟－未成熟の二元論を相対化する立場に立つならば，学校における教師－生徒の関係は決して固定的なものではなく，成長を可能にする者は誰であれ教師の役割を果たすといえる。アレントの議論にも通じるが，教師の役割は，多様な意見（ドクサ）に対して唯一の真理を優越させるプラトンではなく，ドクサに潜む真理を明るみに出すのを手助けするソクラテスに類比するものとして捉えられることになるだろう。

　道徳教育の課題には，共同生活（＝政治）を担う上で必要となる自由と責任，思いやりと感謝，友情と信頼，相互理解と寛容などを育むことが含まれる。デューイの議論からは，こうした価値内容は，教師から子どもたちへの一方的な伝達としてではなく，まさに共同生活への参加のなかでのトランザクションを通して育まれるものであることがわかる。デューイの反実体論的な思考に従えば，個人の関心や意欲，心構えもまた，個人のなかにあるものというよりも，意識的，無意識的なトランザクションの結果として生まれ，変容していくものである。このことは一方では，自己は自らの主張の根拠をすべて意識できているわけではないことを意味しており，他者との意思疎通の困難さの一因となる。しかし他方では，自他の変容や合意の可能性，自己に対する謙虚さと他者の尊重の必要性の根拠も，そこに求められるだろう。

6．おわりに

　以上，本章では，主に思想的，歴史的な観点から「公共性」概念を考察し，道徳教育とのかかわりを検討してきた。
　実際の日本の道徳教育における規定をみてみると，2015年7月に公表された

「小学校学習指導要領解説　特別の教科　道徳編」では，「勤労，公共の精神」の内容項目に関して，「仕事に対して誇りや喜びをもち，働くことや社会に奉仕することの充実感を通して，働くことの意義を自覚し，進んで公共のために役立つことに関する内容項目である」と説明されている。また，中学校版の解説では，「社会参画，公共の精神」という内容項目の概要として，「「公共の精神」とは，社会全体の利益のために尽くす精神である。政治や社会に関する豊かな知識や判断力，論理的・批判的精神をもって自ら考え，社会に主体的に参画し，公正なルールを形成し遵守する精神である。（中略）社会全体に目を向けるとき，個人の向上と社会の発展とが，矛盾しないような在り方が求められ，よりよい社会の実現に向けた個々の努力が積み重ねられることが必要となる」と述べられている。

　本章で取り上げた三人の思想家がいずれも指摘しているとおり，「公共の精神」は体験活動や社会参加，他者とのコミュニケーションを通してよりよく育まれるものである。またその際，子どもたち一人ひとりは，そのままの形で公的な関係を形作っている存在である，という点には十分に注意が必要である。個人に対立するものとして公共があるわけではない。あるいは，国家の思い描く「公共の精神」を子どもたちのなかに実現することが道徳教育なのではない。公共の精神の形成は，共同生活（＝政治）の構築という実践のレベルに関わるものであり，真理伝達型の教師－生徒関係よりも，子どもたちにすでにさまざまな形で備わっている公共の精神の質を高めていく教師の役割が求められるだろう（付言するならば，勤労についても，社会奉仕という二項対立的な心構え論の観点よりも，個人の生存を保障する権利であると同時に社会を成り立たせる機能でもあるという観点から育んでいくほうが望ましいことがわかる）。現代の経済のグローバル化と新自由主義政策によって引き起こされている社会の分断を一人ひとりの道徳心の問題に帰責させるための「公共の精神」の強調ではなく，一人ひとりが人格として相互に尊重される政治社会を構築するための「公共の精神」の形成に資する道徳教育のあり方を探っていくことが求められる。

● **引用・参考文献**

阿部謹也（1995）.「世間」とは何か　講談社現代新書
Arendt, H.／志水速雄（訳）（1994a）. 人間の条件　ちくま学芸文庫
Arendt, H.／斎藤純一・引田隆也（訳）（1994b）. 過去と未来の間―政治思想への8試論―　みすず書房
千葉　真（2000）. デモクラシー　岩波書店
Dewey, J.／松野安男（訳）（1975）. 民主主義と教育（上）　岩波文庫
Dewey, J.／阿部　齊（訳）（2014）. 公衆とその諸問題―現代政治の基礎―　ちくま学芸文庫
土井隆義（2008）. 友だち地獄―「空気を読む」世代のサバイバル―　ちくま新書
Frank, M.／岩崎　稔（訳）（1990）. ハーバーマスとリオタール―理解の臨界―　三元社
Habermas, J.／細谷貞雄・山田正行（訳）（1994）. 公共性の構造転換―市民社会の一カテゴリーについての探究（第二版）―　未来社
桂木隆夫（2005）. 公共哲学とはなんだろう―民主主義と市場の新しい見方―　勁草書房
Mouffe, Ch.／葛西弘隆（訳）（2006）. 民主主義の逆説　以文社
齋藤純一（2000）　公共性　岩波書店
渡辺　浩（2001）.「おほやけ」「わたくし」の語義―「公」「私」，"Public" "Private" との比較において―　佐々木毅・金泰昌（編）　公と私の思想史（公共哲学1）　東京大学出版会
渡邉　満（2002）. 教室の規範構造に根ざす道徳授業の構想　林　忠幸（編）　新世紀・道徳教育の創造　東信堂

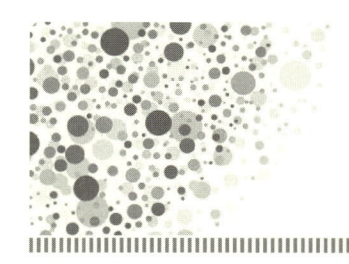

第Ⅱ部

学校におけるこれからの道徳教育

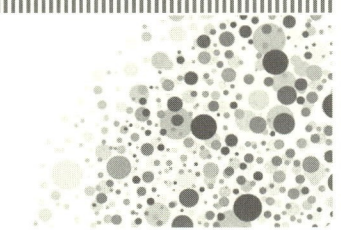

第6章

道徳教育の歴史的展開と「特別の教科　道徳」
──道徳教育の目標を中心に──

1．はじめに

　2015（平成27）年3月，学習指導要領の一部が改正され，道徳の時間が「特別の教科　道徳」という名称の教科になることとなった。いわゆる道徳の教科化である。

　しかし，歴史をひもとくならば，近代日本の道徳教育は長らく「修身」という教科によって行われてきた。それが第二次世界大戦終結後，教科とは違う枠組みで道徳教育が実施されてきた。

　長期的なスパンで道徳教育の歴史を見るとき，今まさにスタートしようとしている「特別の教科　道徳」とはどのような意味を持つのか。本章では，明治期から現在までの道徳教育の歴史的展開を概観する作業を通して，「特別の教科　道徳」導入の背景，経緯，特質について考察したい。道徳教育の歴史的展開をたどるに際しては，その目標の変化に視点をおいて論を進める。

2．戦前の道徳教育

(1) 修身科としての道徳教育

　1872（明治5）年の「学制」における「小学教則」によれば，下等小学が14

教科，上等小学が18教科定められたが，修身科については下等小学の第8級から第5級に，週1～2時間の「修身口授（ぎょうぎのさとし）」がおかれていたのみであった。これは教師の口授（くじゅ）・説話による授業であった。下等小学の第4級以上と上等小学には配当されていなかった。教科書は欧米の倫理書の翻訳や，伝統的な教訓書が用いられており，その目標は，「日常的なしつけより基本的な倫理の知識理解に重点が置かれたものと考えられる」。（日本近代教育史事典編集委員会，1971，p.336）

　1879（明治12）年に「教育令」が制定されたが，教育令では修身は教科としての位置は低く，必修教科の最後に置かれた。翌1880（明治13）年教育令は改正され，修身科が筆頭科目に位置づけられた。改正教育令に基づき出された1881（明治14）年の「小学校教則綱領」では，初等科と中等科で週6時間，高等科で週3時間配当とされた。その第10条では「初等科ニ於テハ主トシテ稍高尚ノ簡易ノ格言・事実等ニ就キ，児童ノ徳性ヲ涵養スヘシ，又兼テ作法ヲ授ケンコトヲ要ス」とされた。「小学校教則綱領編纂大意」では小学の修身科は「誦読ト口授トヲ兼用」「修身教科書ハ生徒ヲシテ之ヲ暗誦セシム」とされ，教授法は口授から誦読，暗誦へと変化した。

　国家主義的な教育制度を確立させようとしたのが，初代伊藤博文内閣の初代文部大臣森有礼である。森は1886（明治19）年に諸学校令として，「帝国学校令」「小学校令」「中学校令」「師範学校令」を制定するなど，近代的学校制度の構築に貢献した。「小学校ノ学科及其程度」によると，修身科は筆頭教科ではあるが，尋常小学校・高等小学校ともに毎週1時間半程度の時間に減少した。また教科書の使用は認められなかった。指導にあたっては「内外古今人士ノ善良ノ言行ニ就キ，児童ニ適切ニシテ且理会シ易キ簡易ナル事柄ヲ談話シ，日常ノ作法ヲ教ヘ，教員身自ラ言行ノ規範トナリ，児童ヲシテ善ク之ニ習ハシムルヲ以テ専要トス」とされた。発達段階に応じた適切で理解しやすい事例を用いて，日常生活での道徳的行為の習慣づけが修身科の目的」と考えられていた（小寺・藤永，2009，p.36）。

　1890（明治23）年，「教育ニ関スル勅語」（教育勅語）が発布された。従来一定することのなかった徳育の基礎を，いまや天皇の名において確定するものであった（仲ら，1984，p.645）。

1891（明治24）年の「小学校教則大綱」は「修身ハ教育ニ関スル勅語ノ旨趣ニ基キ児童ノ良心ヲ啓培シテ其徳性ヲ涵養シ人道実践ノ方法ヲ授クル」と規定した。教育勅語を基本とする道徳教育が小学校教育の中心であり、修身科は直接的にこの目的に奉仕するものであることが明示されたのである。同年文部省から「小学校修身教科書用図書検定基準」が公示され、明治30年代にかけて検定制のもとに修身教科書が編纂された。その特徴は徳目基本主義によるものと人物基本主義によるものとに分けられ、「のちの国定修身教科書の編纂が内容的に準備された」のである（同、pp.645-653）。

(2) 国定教科書における修身科

1903（明治36）年、諸学校令施行規則の改正により、小学校4教科の教科書の国定制が導入された。小学校国定教科書は、1945（昭和20）年までにその改訂により5期に分けることができる。

○第1期（1904～1909）
教育勅語の趣旨に基づき「児童ノ徳生ヲ涵養シ道徳ノ実践ヲ指導シ健全ナル日本国民タルニ必須ナル道徳ノ要旨ヲ授クルヲ目的」とされた。例話として昔話を採用せず、低学年には仮設的人物、中学年には日本歴史上の人物、高学年には日本人のほか外国人の例話も加えた（中村紀久二、1990、p.68）。近代的・市民的倫理を強調した開明的な内容であったとされる。

○第2期（1910～1917）
「教育勅語ノ旨趣ニヨリテ国民トシテ恪守スベキ諸徳ヲ授クルヲ旨トス」と規定された。教科書巻4以降は勅語全文が掲げられ、勅語の読唱が修身授業で重視されるようになった国家に対する道徳（特に天皇、敬神関係）と、人間関係についての道徳（特に家族関係）が増加し、一方個人道徳が減少した。

○第3期（1918～1932）
第一次世界大戦後の国際的な平和志向を背景に、国際協調や公民的資質を強調した内容となっている。『尋常小学修身書』では巻4「国旗」（外国の国旗に対

する敬意），巻6「国交」，巻7「憲法」が導入された。公民的教材の強化が顕著で，巻3以降では必ず「公益」の課題がある。第2期の性格を大体において踏襲し，その部分的修正として「第1次大戦後の『時勢の推移』に合わせようとしたものであった」（日本近代教育史事典編集委員会，1971, p.342）。

○第4期（1934－1940）
第4期教科書の編纂趣意書では編纂の根本方針として「教育ニ関スル勅語ノ御趣旨ニ基ヅキ，忠良ナル日本臣民タルニ適切ナル道徳ノ要旨ヲ授ケ，以テ児童ノ徳性ヲ涵養シ，道徳ノ実践ヲ指導シ，殊ニ国体観念ヲ明徴ナラシム」とされ，国体明徴に関わる部分が強調された。翌1935（昭和10）年には教学刷新評議会が設置され，「我ガ教学ハ源ヲ国体ニ発シ日本精神ヲ以テ核心」となすことが答申された。初めて色刷り挿絵が導入され，巻1では天皇閲兵式の挿絵で，天長節が軍部と結びつけられて提示された。「紀元節」「明治節」等，天皇制と結びついた祝祭日に関する教材が増加した。

○第5期（1941-1945）
1941（昭和16）年，尋常高等小学校は「国民学校」と改編された。同年太平洋戦争に突入，修身科は国語・地理・歴史とともに「国民科」に再編された。国民科は「特ニ国体ノ精華ヲ明ニシテ国民精神ヲ涵養シ皇国ノ使命ヲ自覚セシムルヲ以テ要旨トス」「皇国ニ生レタル喜ヲ感ゼシメ，敬神，奉公ノ真義ヲ体得セシム」ことを目的としていた。第5期の特徴として，日本を神の国としていることと，天皇や国のために死を求めたことが挙げられる（中村，1990, p.101）。表現形式も，これまで第三者の語りであったのに対し，多くが「私」「私たち」というという第一人称の，自己内面の表白という形式をとったことが特徴である（日本近代教育史事典編集委員会，1971, p.344）。

3．戦後の道徳教育

(1) 戦後道徳教育の刷新

1945（昭和20）年の第二次世界大戦終結後，日本は国家主義，軍国主義から

国民主権による民主主義国家への道を歩み始める。その象徴として1946（昭和21）年に制定された日本国憲法では，「基本的人権」が侵すことのできない永久の権利として国民に保障された。翌年，日本国憲法の精神にのっとり，教育基本法が制定された。その第1条では教育の目的が次のように明記された。「教育は，人格の完成を目指し，平和的な国家及び社会の形成者として，真理と正義を愛し，個人の価値をたつとび，勤労と責任を重んじ，自主的精神に充ちた心身ともに健康な国民の育成を期して行われなければならない」。そして第2条では，この目的を達成するための方針として，「学問の自由を尊重し，実際生活に即し，自発的精神を養い，自他の敬愛と協力によって，文化の創造と発展に貢献するように努めなければならない」とされた。

戦後の道徳教育もまた，戦前の忠君愛国の色彩を排し，個人の尊厳を重んじるものへと変化していった。GHQ（連合国軍最高司令官総司令部）により，1945（昭和20）年12月，「修身，日本歴史及ビ地理停止ニ関スル件」が発表され，軍国主義と国家主義に利用されてきた修身，日本歴史，地理の授業は停止された。日本歴史と地理は翌年に再開が許可されるが，修身は二度と再開されることはなかった。

修身科に代わって学校での道徳教育を担う教科として文部省が考えたのは，公民科であった。1945（昭和20）年12月に文部省内に設置された公民教育刷新委員会が公民と修身を合わせた科目として公民科を新設することを提言した。しかし，公民科は実現することなく，社会科によって道徳教育が実施されることになった。

1947（昭和22）年3月，文部省から「学習指導要領一般編（試案）」が発表された。そのなかで新設の社会科については，それが修身，公民，地理，歴史などの教科の内容を融合したものであると説明された。社会科の主要目標は「公民的資質の発展」であった。より具体的に言えば，児童たちが，①自分たちの住んでいる世界に正しく適応できるように，②その世界の中で望ましい人間関係を実現できるように，③自分たちの属する共同社会を進歩向上させ，文化の発展に寄与することができるように，児童たちにその住んでいる世界を理解させることである（文部省，1948）。戦前の修身科のような道徳教育に特化した科目を設けずに，社会科のなかで道徳教育がなされることになったのであ

る。

　戦後の民主主義社会を担う市民を育成する教科として，社会科には大きな期待が寄せられた。しかし，終戦直後の社会において価値観が混迷し，少年の非行や犯罪も数多く発生するなか，社会科による道徳教育に対しては，その効果を疑問視する意見も多かった。そうした批判を代表的に示したのが第二次米国教育使節団である。同使節団は1950（昭和25）年8月から9月にかけて約1ヶ月日本に滞在し，第一次使節団による勧告事項が適切に履行されているかを調査した。その報告書において，「道徳教育は社会科からのみ生じうると考えることはまったく意味のないことである。道徳教育は全教育課程を通じて強調されなければならない」（佐藤，1991，p.138）と批判的見解を示した。この指摘を受け，学校での道徳教育は社会科を含む学校教育全体を通じて行われるようになる。いわゆる道徳教育の「全面主義」である。

　なお，「教育ニ関スル勅語」は，1948（昭和23）年6月19日の「教育勅語等排除に関する決議」（衆議院），同年同日の「教育勅語等の失効確認に関する決議」（参議院）によって，失効・排除が確定した。

(2)「道徳の時間」の特設

　1951（昭和26）の教育課程審議会答申「道徳教育振興に関する答申」において，道徳教育の教科は設けず，社会科を含む学校の教育活動全体を通して道徳教育が行われるという「全面主義」の方針が明確に示された。しかし，それでは不十分で，道徳の教科を作ることで道徳教育を充実させるべきだという意見は根強かった。

　1957（昭和32）年9月，松永東文部大臣からの諮問に基づき，「道徳の時間」の特設に向けて教育課程審議会で検討がなされた。その答申では，道徳教育の「全面主義」という方針は維持しながらも，それを徹底するために道徳の時間を設け，毎学年，毎週継続的に指導を行うことが提案された。「全面・特設主義」への転換である。

　1958（昭和33）年3月，文部省通達「『道徳』の実施要綱」が出された。同要綱において，小中学校の道徳教育および道徳の時間の目標が以下のように明記された。

道徳教育は，教育基本法および学校教育法に定められている教育の根本精神に基づく。すなわち，人間尊重の精神を一貫して失わず，家庭・学校その他自分がその一員であるそれぞれの社会の具体的な生活の中でこれを生かし，個性豊かな文化の創造と，民主的な国家および社会の発展につとめ，すすんで平和的な国際社会に貢献できる日本人を育成することを目標とする。
　この目標はそのまま『道徳』の時間における目標でもある。

(押谷, 2001, p.240, pp.255-256)

　また小学校の道徳の時間においては，具体的には次の4つの指導目標のもとに指導を行うことが記された（同，p.240）。

①日常生活の基本的な行動様式を理解し，これを身につけるように導く。
②道徳的心情を高め，正邪善悪を判断する能力を養うように導く。
③個性の伸長を助け，創造的な生活態度を確立するように導く。
④民主的な国家・社会の成員として必要な道徳的態度と実践的意欲を高めるように導く。

　1958（昭和33）年8月，学校教育法施行規則が一部改正され，学習指導要領道徳編が告示され，「道徳の時間」が正式に開始された。同施行規則では，小・中学校の教育課程が「教科」「特別教育活動」「道徳」「学校行事等」の4領域からなると定められた。道徳は教科とは区別した「道徳」の時間として特設され，小・中学校の全学年で毎週1時間以上実施することとなった。ただし，学校の教育活動全体を通して道徳教育を行うという理念は変更がなく，各教科，特別教育活動および学校行事等における道徳教育を補充・深化・統合・交流する役割が道徳の時間には期待された（「交流」は1968（昭和43）年の学習指導要領改訂で削除）。こうして同年10月，特設「道徳」を含む学習指導要領が改訂された。
　道徳教育の目標に関しては，「総則」の「第3　道徳教育」において，「道徳教育の目標は，教育基本法および学校教育法に定めた教育の根本精神に基く」こと，さらに道徳の時間においては「道徳的実践力の向上を図る」ことが明記

された。「第3章　第1節　道徳」の「目標」では，道徳の時間の「具体的な目標」が，先の文部省通達「『道徳』の実施要綱」と同様，「基本的行動様式」，「道徳的心情・判断」，「個性伸長・創造的生活態度」，「民主的な国家・社会の成員としての道徳的態度と実践意欲」の4つに分けられた（文部科学省，2008，p.12）。

道徳の時間の特設をめぐってはさまざまな議論がなされた。主な批判は3つの観点からなされた。すなわち，政治的・イデオロギー的批判，指導内容に関する批判，方法論・実践論からの批判である（小笠原ら，2012，pp.256-260）。こうした批判も出されていたが，「全面・特設主義」の道徳教育が実施されることとなった。

(3) 学習指導要領の改訂

学習指導要領はその後，約10年おきに改訂が行われてきた。道徳教育の目標がどのように規定されてきたのかを中心に，その変化をたどりたい。

まず，1968（昭和43）年（中学校は1969（昭和44）年）の改訂では，小中学校の教育課程が4領域（教科，特別教育活動，道徳，学校行事等）から3領域（各教科，特別活動，道徳）に再編された。道徳教育の目標に関して「その基盤として道徳性を養う」という文言が追加され，道徳教育の目標が「道徳性の育成」であることがいっそう明確になった。1977（昭和52）年の改訂では，道徳の時間の目標として「道徳的実践力の育成」が強調され，道徳教育の目標が「道徳性の育成」であることがいっそう明確になった。続く1989（平成元）年の改訂では，道徳教育の目標において「人間尊重の精神」に加えて「生命に対する畏敬の念」の育成が加わった。

1998（平成10）年，教育課程が「各教科」「道徳」「特別活動」「総合的な学習の時間」に再編されるとともに，学校完全週5日制の実施により年間の授業時間数が大幅に削減された。道徳教育の目標については，「道徳的価値の自覚」という文言が追加された以外は，内容的には大きな変化はない。ただし，『学習指導要領』上の記載場所が変化した。すなわち，従来「第3章　道徳」に記載されていた目標が，より上位の「第1章　総則」に移された。

2008（平成20）年には，教育基本法が2006（平成18）年に改正されたのを受

けて，学習指導要領も見直しがなされた。改正教育基本法の第2条では，教育の目標として，従来からの学問の自由の尊重，個人の価値の尊重，正義と責任の重視などに加えて，「豊かな情操と道徳心」，「公共の精神に基づき，主体的に社会の形成に参画し，その発展に寄与する態度」，「生命を尊び，自然を大切にし，環境の保全に寄与する態度」，「伝統と文化を尊重し，それらを育んできた我が国と郷土を愛するとともに，他国を尊重し，国際社会の平和と発展に寄与する態度」などが新たに文言として追加された。これを受け，2008（平成20）年度改訂の学習指導要領では，道徳教育の目標が以下のように加筆修正された。

> 道徳教育は，教育基本法及び学校教育法に定められた教育の根本精神に基づき，人間尊重の精神と生命に対する畏敬の念を家庭，学校，その他社会における具体的な生活の中に生かし，豊かな心をもち，伝統と文化を尊重し，それらをはぐくんできた我が国と郷土を愛し，個性豊かな文化の創造を図るとともに，公共の精神を尊び，民主的な社会及び国家の発展に努め，他国を尊重し，国際社会の平和と発展や環境の保全に貢献し未来を拓く主体性のある日本人を育成するため，その基盤としての道徳性を養うことを目標とする。 （文部科学省，2008）

また道徳の時間の目標については，以下のように記された。

> 道徳教育の目標は，第1章総則の第1の2に示すところにより，学校の教育活動全体を通じて，道徳的な心情，判断力，実践意欲と態度などの道徳性を養うこととする。
> 道徳の時間においては，以上の道徳教育の目標に基づき，各教科，外国語活動，総合的な学習の時間及び特別活動における道徳教育と密接な関連を図りながら，計画的，発展的な指導によってこれを補充，深化，統合し，道徳的価値の自覚及び自己の生き方についての考えを深め，道徳的実践力を育成するものとする。
> （文部科学省，2008）

なお，1998（平成10）年以降の学習指導要領の改訂に関わって特筆すべき点として，『心のノート』についても言及しておきたい。道徳教育の充実を目指

して2002（平成14）年に，文部科学省作成の道徳教材『心のノート』が，約7億円の予算を投じて全国の小中学校に配布された。民主党政権下の2010（平成22）年度から2012（平成24）までは，「事業仕分け」において，教材選びは地域・学校に任せるべきだなどとされ，冊子配布から文部科学省のウェブサイト掲載に切り替えられた。その後，自由民主党の政権復帰とともに2013（平成25）年度より再配布された。2014（平成26）年度に偉人伝を数多く収録するかたちで全面改訂がなされ，『私たちの道徳』と改称された。

4．「特別の教科　道徳」の導入

(1) 導入の経緯

　2015（平成27）年3月，学習指導要領の一部が改正され，道徳の時間が「特別の教科　道徳」という名称の教科になることとなった。この告示によって，小学校は2018（平成30）年度から，中学校は2019（平成31）年度から正式実施となる。この度の道徳の教科化は，戦後の道徳教育の争点の1つであった道徳の教育課程上の位置づけについて，1958（昭和33）年の道徳の時間の特設以来の大きな転換をもたらすものである。

　2006（平成18）年に発足した自由民主党・公明党連立の第一次安倍晋三内閣において，教育基本法が改正されるとともに，2006（平成18）年10月に安倍首相の私的諮問機関として「教育再生会議」が設置された。同会議の第二次報告「社会総がかりで教育再生を―公教育再生に向けた更なる一歩と『教育新時代』のための基盤の再構築―」（2007（平成19）6月）において，道徳の教科化が打ちだされた。しかし通常，教科の基準として，①検定基準に従った教科書の使用，②中学校以上では教科の免許を持つ教員による指導，③数値による評価，の3つが存在し，道徳の教科化にあたっては教科書検定や正式評価などの困難さが懸念されることから，中央教育審議会では道徳の教科化は見送られた。その後，2009（平成21）年9月から2012（平成24）年12月の民主党政権において道徳の教科化の問題は表だって議論されることはなかった。しかし，2012（平成24）年12月に第二次安倍内閣が発足すると，再度，道徳の教科化に向けた動きが活発化した。政府の「教育再生実行会議」は2013（平成25）年2月の第一

次提言「いじめ問題等への対応について」において，いじめ問題を解決する切り札の1つとして道徳の教科化を提言した。その際，教科の3条件にとらわれない「新たな枠組み」による道徳の教科化の方針が示された。これを受けて今回は，中央教育審議会に先立って文部科学省内に有識者会議「道徳教育の充実に関する懇談会」が設置された。同懇談会では，道徳の教科化の必要性や検定教科書の使用等について議論が行われ，同年12月に「今後の道徳教育の改善・充実方策について（報告）—新しい時代を，人としてよりよく生きる力を育てるために—」を下村博文文部科学大臣に提出した。同報告では，道徳の時間を「特別の教科　道徳」（仮称）として新たに教育課程に位置づけることが提言された。こうしていわば「外堀」が埋められた状態で，2014（平成26）年2月に下村文部科学大臣から中央教育審議会に対して「道徳に係る教育課程の改善等について」諮問がなされた。中央教育審議会で道徳の教科化にあたっての具体的な検討事項が協議され，2014（平成26）年8月に答申のまとめの骨子案が，同年10月に答申が出された。この答申では以下の諸点を基本的な考え方として，道徳教育について学習指導要領の改善の方向性が示された（中央教育審議会答申，2014）。

①道徳の時間を「特別の教科　道徳」（仮称）として位置付ける
②目標を明確で理解しやすいものに改善する
③道徳の内容をより発達の段階を踏まえた体系的なものに改善する
④多様で効果的な道徳教育の指導方法へと改善する
⑤「特別の教科　道徳」（仮称）に検定教科書を導入する
⑥一人一人のよさを伸ばし，成長を促すための評価を充実する

　この答申に基づいて，学習指導要領の改訂作業が進められ，2015（平成27）年3月に小中学校の学習指導要領の一部改正の告示がなされた。そして同年7月，文部科学省のホームページにおいて「学習指導要領解説　特別の教科　道徳編」が公開された。

(2)「特別の教科　道徳」の目標

　2015（平成27）年3月に改訂された学習指導要領では，学校における道徳教育が「特別の教科　道徳」（以下，道徳科）を要として学校の教育活動全体を通じて行うものと規定されている。従前の「道徳の時間」が道徳科に変化しただけであり，「全面・特設主義」に対して「全面・教科主義」と呼ぶことができるであろう。

　その道徳教育の目標は総則において次のように規定されている。

　　　道徳教育は，教育基本法及び学校教育法に定められた教育の根本精神に基づき，自己の生き方を考え，主体的な判断の下に行動し，自立した人間として他者と共によりよく生きるための基盤となる道徳性を養うことを目標とする。
　　　道徳教育を進めるに当たっては，人間尊重の精神と生命に対する畏敬の念を家庭，学校，その他社会における具体的な生活の中に生かし，豊かな心をもち，伝統と文化を尊重し，それらを育んできた我が国と郷土を愛し，個性豊かな文化の創造を図るとともに，平和で民主的な国家及び社会の形成者として，公共の精神を尊び，社会及び国家の発展に努め，他国を尊重し，国際社会の平和と発展や環境の保全に貢献し未来を拓く主体性のある日本人の育成に資することとなるよう特に留意しなければならない。
　　　　　　　　　　　　　　　　　　　　　　　　　　　（文部科学省，2015a）

　2008（平成20）年改訂版と比較すると，道徳教育の目標が「よりよく生きるための基盤である道徳性を養うこと」である点が明快に表現されたうえで，道徳教育を進めるに当たっての諸々の留意点が列記されるという順序に整理されている。

　また，道徳科の目標については，「第3章　特別の教科　道徳」においてこう説明されている。

　　　第1章総則の第1の2に示す道徳教育の目標に基づき，よりよく生きるための基盤となる道徳性を養うため，道徳的諸価値についての理解を基に，自己を見つめ，物事を多面的・多角的に考え，自己の生き方についての考えを深める学習を通して，道徳的な判断力，心情，実践意欲と態度を育てる。　　　　（文部科学省，2015a）

道徳科の目標が，道徳教育の目標と同一であることが分かりやすく表現されるとともに，これまで道徳の時間の目標に定めていた「各教科等との密接な関連」や「計画的，発展的な指導による補充，深化，統合」は，「第3　指導計画の作成と内容の取扱い」の場所に整理された。また，道徳的価値について自分との関わりも含めて理解し，それに基づいて内省し，多面的・多角的に考え，判断する能力，道徳的心情，道徳的行為を行うための意欲や態度を育てるという趣旨を明確化するため，従前の「道徳的価値の自覚及び自己の生き方についての考えを深め」ることを，学習活動を具体化して「道徳的諸価値についての理解を基に，自己を見つめ，物事を多面的・多角的に考え，自己の生き方についての考えを深める学習」と改められた。さらに，これらを通じて，よりよく生きていくための資質・能力を培うという趣旨を明確化するため，従前の「道徳的実践力を育成する」という表現をやめて，具体的に，「道徳的な判断力，心情，実践意欲と態度を育てる」と改められた（文部科学省，2015b，p.4）。ここで，判断力と心情の順番が逆転している点も重要である。

5．おわりに

本章では，道徳教育の目標の変化に注目しながら，明治期から今日までの道徳教育の歴史的展開を大まかにたどってきた。

近代日本の学校教育制度が1872（明治5）年に発足して以来，道徳教育は「修身」という教科によって担われてきた（「教科主義」）。修身科は第二次世界大戦終結とともに廃止され，戦後は「全面主義」の原則のもと，社会科を含む学校の教育活動全体を通じて道徳教育が行われることとなった。1958（昭和33）年以降，「道徳の時間」を要にして学校の教育活動全体を通じて道徳教育が行われるようになった（「全面・特設主義」）。そして，2015（平成27）年の学習指導要領の一部改正によって「特別の教科　道徳」が導入され，「全面・教科主義」という新たな枠組みのもとで道徳教育がスタートしようとしている。

こうした長期的なスパンで道徳教育とその目標を概観する作業を通して改めて確認できたことは，その時々の社会的，政治的状況が道徳教育のあり方に非常に大きな影響を与えてきたという点である。道徳教育の実践に関わる者にま

ずに求められるのは，学習指導要領や答申類の内容をその背景も含めて多面的・多角的に理解したうえで，道徳教育は何を目指すべきかをたえず主体的に考える姿勢をもつことであろう。そのうえで，今まさに幕を開けようとする「全面・教科主義」の枠組みでの道徳教育を，いかに実質的に意味あるものにしていくことができるかを検討する必要がある。以下の各章ではそのための内容，指導法，教員研修等について考察することになろう。

● 引用・参考文献

中央教育審議会（2014）．道徳に係る教育課程の改善等について（答申）
林　泰成（2015）．道徳教科化の諸課題と教育哲学の役割　教育哲学会（編）　教育哲学研究　第112号
小寺正一・藤永芳純（2009）．道徳教育を学ぶ人のために（三訂）　世界思想社
松下良平（編著）（2014）．道徳教育論　一藝社
文部科学省（2008）．小学校学習指導要領解説
文部科学省（2015a）．小学校学習指導要領
文部科学省（2015b）．小学校学習指導要領解説　特別の教科　道徳編
文部省（1948）．小学校社会科学習指導要領補説
村田　昇（編著）（2009）．道徳の指導法（第二版）玉川大学出版部
仲　新・稲垣忠彦・佐藤秀夫（編著）（1984）．近代日本教科書教授法集成　第5巻　教師用書Ⅰ　修身篇　東京書籍
中村紀久二（1990）．復刻　国定修身教科書解説　大空社
日本近代教育史事典編集委員会（編）（1971）．日本近代教育史事典　平凡社
小笠原道雄・田代尚弘・堺　正之（編）（2012）．道徳教育の可能性―徳は教えられるか―　福村書店
押谷由夫（2001）．「道徳の時間」成立過程に関する研究―道徳教育の新たな展開―　東洋館出版社
佐藤秀夫（代表）（1991）．第二次米国対日教育使節団報告書訳文　米国対日教育使節団に関する総合的研究　国立教育研究所

第7章

子どもの主体的な道徳学習の構想
―新学習指導要領が求める道徳教育の内容と方法―

1．はじめに

　学校において子どもたちは道徳に関わる何をどのように学ぶのか。このことについて考えるにあたり，まず，道徳科の授業の特質を確認しておく。「学習指導要領解説　特別の教科　道徳編」（2015年）には，教師が共通に理解しておく道徳科の特質として，小・中学校ともほぼ同じことが記されている。すなわち，道徳科は，子ども「一人ひとりが，ねらいに含まれる道徳的価値についての理解を基に，自己を見つめ，物事を〔中のみ：広い視野から〕多面的・多角的に考え，自己の生き方〔中：人間としての生き方〕についての考えを深める学習を通して，内面的資質としての道徳性を主体的に養っていく時間」である（小p.75；中p.74）。道徳科の指導の配慮事項としても子どもが「主体的に道徳性を育むための指導」の工夫があげられており，道徳科において主体的な学習を成立させることの意義は小・中学校学習指導要領解説の随所で指摘されている。

　道徳科授業は子どもが主体的に道徳性を養うために行われる。換言すれば，教師からの一方的な押し付けではないし，自分とは関わりのない誰かの問題を考える時間でもないし，個々の生活上の出来事を披瀝し合う場でもない。自分（たち）が生きていくにあたって重要な事柄について，自分（たち）の問題と

して考え，学んだ内容を自分（たち）の現在および将来の生活に活かしていく学習である。そのためには，道徳科で学ぶ内容を子どもたちが主体的に捉えることと，授業において子どもたちの主体的な学習が成立することが必要となる。本章ではこのことを出発点として，小・中学校における道徳教育の内容と方法について考察していく。

2．学校における道徳教育の指導内容

(1) 新学習指導要領に示された道徳の内容

　学習指導要領一部改正の方向性を示した中央教育審議会「道徳に係る教育課程の改善等について（答申）」(2014年10月) では，道徳の内容について，大きく三つの改善点が指摘されている。第1に，これまでと同様に，道徳の内容は道徳科だけでなく，学校の教育活動全体を通じて指導する内容とする。第2に，1988（平成元）年改訂の学習指導要領から採用された「四つの視点」について，その順序などを見直す。第3に，小学校から中学校までの内容の体系性を明示するとともに，各内容項目を示す際にキーワードを活用する。また，現代社会における諸課題を取り上げる。

　これらの指摘を受けて，新しい学習指導要領においては，道徳科ならびに学校の教育活動全体を通じて指導する道徳の内容が，これまでの1～4の視点の基本的な枠組みを維持しつつ，その順序を入れ替えたA～Dの四つの視点に区分して示された。これらの視点が相互に深い関連をもつことは「学習指導要領解説　特別の教科　道徳編」にも明記されている。自己（の在り方）を自分自身（A），人（B），様々な社会集団や郷土，国家，国際社会（C），生命や自然，美しいもの，気高いもの，崇高なもの（D）との関わりで捉えるのだから，対象の違いはあれ，どの視点も自分について考えるものである。

　このたび新たに加わった内容としては，小学校低学年に「個性の伸長」，「公正，公平，社会正義」，「国際理解，国際親善」が，中学年に「相互理解，寛容」と「公正，公平，社会正義」が，高学年に「よりよく生きる喜び」がある。いずれも上の学年・学校段階に置かれていた内容項目を，より早い段階から取り上げたかたちである。さらに従前からの内容項目についても細かな表現の変

更や付加がなされている。こうした改善の背景には，道徳の教科化の大きな契機となったいじめ問題への対応などがある。小・中学校学習指導要領総則の「指導計画の作成等に当たって配慮すべき事項」のなかでも，道徳教育の指導内容が子どもの生活に活かされ，「いじめの防止や安全の確保等」に資するよう留意事項が明記されているとおりである。

　道徳の内容の取扱いに関して，各学年ですべての内容項目を適切に指導することが求められるが，必ずしも各項目を一つずつ道徳科授業の主題として取り上げなくてよいことが学習指導要領解説に示されている。視点や項目の枠にとらわれずに内容項目を見てみると，相互に関連づけられるものが多くあるからである。たとえば，働くことの意味，消費者としての自立，主権者としての社会参画といった大きなテーマのもとでいくつかの内容項目を関連づけた指導も有効であろう。

　また，小学校低学年から中学校までの内容の系統性への配慮も引き続き求められる。各学年・学校段階を通して一貫したキーワードがタグとして付された一覧を見ても分かるように，日本の学校における道徳教育は，子どものものの見方や捉え方，考え方の発達に応じながら，内容をスパイラルアップして指導するようになっている。だがそれは，分かりきった事柄を何度も繰り返し教え込むことを企図したものではない。これまでその内容についてどのように学んできたのか，これからどのように学んでいくのかを見通しながら，指導内容を焦点化し，計画的な指導を積み上げていく。そうすることで，自分（たち）にとって切実な道徳的な問題を多様な観点から，根拠を持って考えることができるようにしていくのである。

(2) 子どもの主体性／教師の主体性

　学校における道徳教育の内容はいずれも「自分について考える」ものであると先述したが，ここで注意すべきことが二つある。「自分について考える」とは，一つには，子どもたちが個々に独断で自分のことを考えるのではない。というのも，社会的存在としての人間はたった一人で生きているわけではなく，他の人たちと関わりながら生活するなかで，互いに認め合ったり支え合ったりする。道徳は日々の生活における多様な関わりのなかに生じるものである。し

たがって，まわりの人や環境のなかに存在する自分について考えることを意味する。二つには，自分の在り方や生き方は，自分自身でしっかり考えなければならない。自分がどう生きるかについて誰かに指示してもらうことはできない。これらのことから，自分勝手な考えに陥ることなく，また他人任せにすることなく自分について考える学習は，子どもたちが互いに主体として学び合う活動のなかで成立すると言える。

　付言すれば，他教科の学習とは異なり，道徳科で学ぶ内容は必ずしも教師がよく分かっていることではないし，子どもたちにはまったく分からないことでもない。教師（大人）と児童生徒（子ども）という非対称な関係のなかで授業が進められることが前提であるけれども，道徳とは，教師と児童生徒が「人間としてのよりよい生き方を求め，共に考え，共に語り合い，その実行に努めるための共通の課題」である（「学習指導要領解説　特別の教科　道徳編」（2015年）小p.20；中p.19）。道徳科授業においては，教師も主体的に考える姿勢が求められるのである。

3．現在や未来の生活につながる道徳学習

　道徳に関わる学習は，授業内あるいは学校内で完結するものではない。むしろ学校外での日常生活に活かされ，また，将来の社会人としての生活に活きることが望まれる。子どもたちが自分（たち）の生活に関わる課題としての道徳を主体的に学ぶ学習は，どうすれば成立するだろうか。授業スタイル，体験活動，学外との連携，ならびにそれらを組織的に推進するための計画を取り上げて，その方策を検討していく。

(1) 新しい指導方法の工夫

　道徳の授業改善が大きな課題とされるなかで，2015（平成27）年に一部改正された小・中学校学習指導要領においては，これまでになく具体的な指導方法について言及されている。すなわち，子どもの「発達の段階や特性等を考慮し，指導のねらいに即して，問題解決的な学習，道徳的行為に関する体験的な学習等を適切に取り入れるなど，指導方法を工夫すること」が要請されている。問

題解決的な学習や体験的な学習に関しては，1999（平成11）年の『小学校学習指導要領解説　道徳編』に読み物資料の特徴を生かして「問題解決的な思考を重視した展開」にすることが授業展開の工夫の一つとして示されていた（p.73）。また，2008（平成20）年改訂の小・中学校学習指導要領総則には「体験的な学習や基礎的・基本的な知識及び技能を活用した問題解決的な学習を重視する」ことが示されているし，次の学習指導要領改訂に向けても，すべての教科等において思考力・判断力・表現力を育むための学習活動として注目されている。

　道徳科ではどのような問題解決的な学習ができるだろうか。実際には，具体的かつ現実的な問題の解決にまで至ることは難しいかもしれない。道徳における問題とは，たとえば，教材のなかから立ち現れる問題であり，子どもたちにとって関心の高い生活上あるいは社会的な問題であったりする。そうした問題について，授業中に「自分だったらどうするか」や「どうすることが関係する人々にとってよりよいことか」を話し合うことはできたとしても，具体的な実践まで伴うことはないからである。

　しかし，実際にどうすればよいかという切実感をもたないで話し合うだけでは，学習への意欲が高まりにくい。授業中にできることとできないことを精査しつつ，問題解決的な学習や道徳的行為に関する体験的な学習を取り入れることは有意義であろう。ただし，活動すること，具体的な実践をイメージすることだけが重要なのではない。小・中学校学習指導要領の先ほど引用した箇所に続けて示されているように，「活動を通じて学んだ内容の意義などについて考えることができるようにすること」もあわせて求められるのである。

　これまでの道徳授業では，あえて実践や行動に関わる指導を避け，内面的資質の育成に限定した指導に留意してきた傾向がある。そうした抑制的な姿勢が指導の幅を狭めてきたと指摘されて，従来はあまり取り組まれてこなかった新しい授業のかたちが求められている。だが，新しい指導方法をすべての学年・学校段階，すべての内容の指導にあてはまる万能な型へと仕立て上げることがめざされてはいない。さまざまな指導方法が，それぞれの教師の授業観に基づき，具体的な子どもや学級の状況，学校の指導方針に即して開発されていくことが望ましいと考えられる。

(2) 体験活動との関連づけ

　子どもにとって現実感のある学習は，道徳科をはじめとする授業のなかでよりも，学校行事や体験活動において成立しやすい。1998（平成10）年に改訂された小・中学校学習指導要領以来，道徳の時間の指導を充実させるために配慮すべき観点の一つとして，ボランティア活動や自然体験活動などの体験活動を生かすことが示されてきた。

　集団宿泊活動や職場体験活動などの体験活動のなかで，一人ひとりの子どもの道徳性が育まれることが期待される。体験活動に取り組んでいる期間中に，あるいはその事前・事後に子どもが何に気づき，何を考えたかを深める時間として，道徳科授業を位置づけることも効果的である。特別活動や総合的な学習の時間等と関連させた授業や，総合単元的道徳学習など，これまでの取組も大いに参照されるだろう。

(3) 家庭や地域社会との協働

　道徳教育に関して，これまでも家庭や地域社会との連携の重要性は指摘されてきた。たとえば，授業参観の折に保護者と一緒に考える活動を取り入れたり，地域の文化の継承やコミュニティの活性化に取り組んでいる人々を題材として地域教材（郷土資料）を開発したりゲストティーチャーとして招聘したりしてきた。あるいは，体験活動との関連づけを図る際に，子どもたちに関わってくださった方からあらためて活動の意味づけや，子どもたちへのメッセージをいただくこともあった。こうした取組を通して子どもたちは，日常生活では話題にならない（なりにくい）事柄を知ったり，そこに込められた意味や人々の思いを理解したり，家族や地域社会への愛着や帰属感を高めたりする。学校・家庭・地域社会の連携を図ることで，保護者や地域の人々との共通理解のもとに，子どもの生活圏全体での道徳学習が実現するのである。

　さらにこのような取組は副次的に教師自身の学びの場をつくりあげる。教材化のための取材活動や，授業中にゲストティーチャーとして話をしてもらう機会を通して，教師も知らなかった事柄や生き方に触れることができる。子どもと教師がともに学ぶ姿勢を実現するためにも，家庭や地域社会と協働した授業づくりは有意義である。

(4) 綿密な指導計画に基づく指導

　これまで見てきたように，学校の教育活動全体を通じて行う道徳教育は，道徳科授業，各教科等で行われる指導，体験活動などから構成されており，家庭や地域社会と協働して行う活動はこれらの指導を補完する役割を担っている。意図的・組織的な教育の場としての学校では，さまざまな場でさまざまな人が関わって行われる学習指導の計画的な実施が求められる。具体的には，道徳の指導計画として年度当初に確定しておくこととなる。小・中学校学習指導要領には，道徳教育の全体計画（以下，「全体計画」と表記する）と道徳科の年間指導計画（以下，「年間指導計画」と表記する）を各学校で作成することが示されている。

　全体計画とは，各学校で設定される道徳教育の重点目標の実現に向けて，子ども，学校，地域の実態を考慮しつつ，学校の教育活動全体を通じて行う道徳教育の全体像を示すものである。校長によって明確に示される道徳教育の基本的な方針の下に，道徳教育推進教師が中心となって，全教師の協力体制を構築して，全体計画に示された教育活動に取り組んでいくことが求められる。あわせて，全体計画には家庭や地域社会との連携の方法も示されており，その実現のためには全体計画を積極的な公開に堪えうるものとする必要がある。

　年間指導計画は，各教科等の年間指導計画との関連をもちながら，全体計画に基づいて作成される。さまざまな場面で行われる道徳教育を補充・深化・統合する道徳科の役割を踏まえて，年間35（小学校第1学年は34）時間の道徳科授業を円滑に実施するためのものである。具体的には，各学年の指導の基本方針のほか，各時間の主題名，ねらい，教材，学習指導過程などをとりまとめたものである。学級担任は年間指導計画を拠り所として学習指導案を作成し，実際の指導にあたることになる。

　このように道徳科を含めた道徳教育の全体構想をあらかじめ策定したうえで，学校における指導は行われている。これらの計画は，道徳科，各教科等，体験活動や家庭や地域社会との連携などさまざまな要素を綿密に組み上げたものであり，年度途中で安易に変更されたり修正されたりすることは望ましくない。あくまでも修正によってより大きな効果が期待できると判断された場合にのみ，また，次年度以降の計画作成にも活かされる根拠をもって変えられる。道徳の

指導計画についてもPDCAサイクルを意識した取組が求められるのである。

4．議論する力を育てる道徳学習

　道徳が一人ひとりの生き方の基盤にあると同時に，一人ひとりが他者と関わりながら生きていることをふまえるならば，さまざまな文化や価値観をもつ人々と互いに尊重し合い，議論を通して協働していく力の育成が道徳教育における大きな課題となる。ここでは，道徳科授業における言語活動の充実について詳説したうえで，他者の視点に立つこと，議論することの意味を考察する。

(1) 言語活動の充実

　2008（平成20）年の小・中学校学習指導要領改訂の眼目の一つは，全教科・領域を通じて言語活動の充実を謳ったことであった。この背景には，言語を知的活動（思考や論理）だけでなく感性や情緒，他者とのコミュニケーションの基盤と捉えたうえで，その指導にあたっては発達の段階に応じるとともに，教科等を横断して指導することや，多様な教育環境を活用することなどについて提言した言語力育成協力者会議があった。道徳の時間の特質を踏まえた指導として，言語力育成協力者会議報告書では，①道徳的価値観の形成を図る観点から，自己の心情・判断等の表現力を高めるため「書く活動」を重視すること，②道徳的心情を豊かにするため，人に感動を与える心の美しさや強さを浮き彫りにした題材等を活用すること，③道徳的な問題に対する判断力を育成するため，公正，正義などの倫理的諸価値を用いてさまざまな課題について討論等を行い考察させるような指導を行うことがあげられていた。

　話し合いや書く活動は，道徳の時間において幅広く活用されてきた学習方法である。だが，あたりまえに用いられてきた方法であったために，その意義や指導のあり方について詳しく吟味されてきたとは言いがたい。言語活動の充実という要請は，あらためて道徳授業における指導方法としての話し合いや書く活動について考える契機となったと言えよう。

1) 話し合い

　道徳科授業では，さまざまな意見が子どもたちから出される。教材（資料）

やテーマに関して，一人ひとり異なる生活経験に支えられながら，各自の思いや考えがつくられるからである。そのため，たくさんの意見が表明されて，にぎやかな授業になり，「子どもが主体的に学んでいる」と捉えられやすい。たしかに，このような授業が成立する基盤には，誰もが安心して自由に発言することができる（発言したくなる）受容的な雰囲気が醸成された学級経営があり，そのことは高く評価される。また，多くの子どもが発表すれば，まわりの子どもたちは多様な感じ方や考え方に接することになり，量的な側面では意義深い。しかし，こうした発表の多いにぎやかな授業が質的な側面で不十分とされるのは，他者の発言との関連づけや比較を通して自分の考えを深める機会が十分でなかったり，学級全体で意見を練り上げていく活動につながらなかったりするからである。

　自分とは異なる考えに接するとき，そのまま受け容れることが難しい場合もある。他者の考えを参考にして自分の考えを変えるということは，自分の意見の不十分さを認めて修正することでもある。相手の足りないところを指摘したり，自分の考えの狭さを指摘されたりすることは，決して心地よいだけの話合いではない。けれども，そうした真剣な吟味を経ることなく，自分（たち）の考えの創出には至らないだろう。

　小学校段階でのきめ細やかな学級経営によって子どもたちが「日頃から何でも言い合え，認め合える」ようになることや，円滑な話合いを成立させるための一定のルールを身につけさせることが重要となる。そのうえで「自分とは異なった考えに接するなかで自分の考え方や感じ方が明確になるなど，学習が深まる」（「小学校学習指導要領解説　特別の教科　道徳編」2015年，p.90）経験を重ねていく。こうした小学校での話合いを起点としつつ，中学校での話合いや討論を工夫することが求められている。それが将来的に「互いに建設的な議論をする経験は，寛容の態度を育み，やがて実生活での複雑な具体的事象に対して，他者と共に適切に判断し，行動する資質や能力を養うことにつながる」（「中学校学習指導要領解説　特別の教科　道徳編」2015年，p.93）からである。

2）書く活動

　話合いに先立って，一人ひとりがじっくりと自分の考えをまとめたり客観視したりする時間をとることも大切である。そのためには，何について考えるの

かが明確でなければならないし，子ども自身にとってそれを考えることが切実であることも必要だろう。考える問題を焦点化して発問する教師は，その前提として，綿密な子ども理解と多様な教材（資料）分析を行うことが重要となる。教材を分析する際には，時系列的に登場人物の心情変化を追う方法だけでなく，学級の子どもたちの視点から資料を読んで，ストーリーから子どもが受けるであろう印象，気になること，疑問などをあげて整理する方法を加えると，多様な考えを産み出す問いをつくることができるだろう。また，書く活動の前に，色や形などで抽象的に心情（の変容）を表現させる方法が，これまで小学校を中心に開発されてきた。それらをアレンジして用いたり，馴染みのある方法のなかから子ども自身が学習方法を選択したりしてもよいだろう。

　なお，道徳科学習での書く活動は，論理的あるいは説得的に書くことを主たる目的としない。書いたことをもとに学級内で話し合うことが肝要である。とするならば，書く活動を通して自分の考えを明らかにしたり練り上げたりすることと同時に，練り上げた自分の考えを相対化しつつ，どうすれば他者と折り合えるかを考えさせる必要が生じる。小学校高学年や中学校段階ともなれば，すぐには言葉にしがたいモヤモヤした気持ちを表現するために書くだけではなく，書いたものを客観的に見ることができる。また，あえて他者の立場で書くことで，他者の置かれた状況やそこでの心情などについて推し量ることもできる。他者の立場に立ったらどのように状況を捉え，どのように考え，どのように行動するだろうか，とまで考えられる。このことから，とりわけ中学校での書く活動は，多様な展開の可能性を有している。

(2)「読む道徳」の意義

　このたびの学習指導要領一部改正にあたって，従来の道徳授業は教材（資料）中の登場人物の気持ちを共感的になぞる「読む道徳」にすぎないという批判が盛んにされている。これを乗り越える新しい授業のキャッチフレーズとして「考え，議論する道徳」が掲げられてもいる。先述のとおり，自分（たち）の問題として話し合い，折り合って，考えを練り上げていく授業が今後さらに重視されることは言を俟たない。だが，「読む道徳」はまったく必要ないのだろうか。

教材（資料）に書かれている状況を確認したり，登場人物のセリフを再現したりするような授業であれば，それは非難されても仕方がない。しかし，これまでの道徳授業において，単なる読み取りだけが行われていたとは言えないだろう。教材（資料）中の文章から表面的に抽出できる気持ちではなく，行間あるいは場面と場面の間の状況や登場人物の気持ちの変容を読み解くことも多く行われていた。それは一見，文章の読み取りのようにも思われるが，一人ひとりの生活体験に裏打ちされた多様な考えが表出されるならば，それは読み解きである。道徳科授業での読み解きは，他者に感情移入し，他者の置かれた情況を想像し，他者をとりまく事情やそこで生まれる考えを理解することである。換言すれば，他者の状況を認知的に見極め，他者の気持ちを情緒的に捉えるという，「他者の視点から物事を見る」レッスンである。
　近年，相手に対する配慮や思いやりに欠け，自己中心的で利那的な思考をする人が多いことが，大人の問題としても指摘される。いじめ問題に関わっても，自分がいじめられるという不当な状態に置かれていることを「不当だ」と自信を持って訴えられなかったり，「自分がその状況に置かれても，辛いとは思わない」という理由で相手をいじめたりすることがある。このような問題の克服に向けて，これまでの「読む道徳」は「他者の視点」を獲得する授業として再構築されてよいと考えられる。

(3) 話し合いの捉え直しへ

　環境問題への対応や国際化，科学技術と倫理などの現代社会の諸課題について議論するとき，性急に結論や合意を得られたとしても，それは一時的で短絡的なものになりかねない。結論の有無よりも，議論を通して解決しなければならないさまざまな問題が浮かび上がること，次は何を議論しなければいけないかが明らかになることに意味がある。
　つまり，議論とは，互いの意見や論理を出し合い，摺り合わせて，互いに納得できる新しい論理を生み出そうとすることを意味している。議論を通して生み出される論理は，議論に参加する人々の誰もがそれまでに持ちえなかったものでありうるし，皆の意見が変わりうることを前提とする。異なる価値観をもつ人と話し合う（議論する）ことで自分の価値観が覆されることを自分の成長

と捉える姿勢がなければ，本気で議論することはできないだろう。

　これまで授業中の話し合いは，往々にして，皆の意見を出し合い，そのすべてを互いに受け容れることがよいとされてきたように思われる。温かい雰囲気のなかでの話合いが推奨されてきたのである。しかし，議論することの意味を新しい論理を生み出すことと捉えるならば，授業中の話合いのあり方を再考する必要がある。

　もちろん，道徳科授業のなかだけで議論のスキルを身につけたり，議論することの意味を見出したりすることは難しい。他教科等での学習や日常生活においても話し合うこと，合意すること，折り合うことを子どもたちが実感をもって学んでいく必要がある。そのために教師には，さまざまな学習場面で行われる話合いが将来，多様な社会的背景を有する他者と議論する力を育てているという意識や，長期的展望のもとでの指導が求められるだろう。

●引用・参考文献

丸山恭司（編著）（2014）．道徳教育指導論　協同出版
守屋　淳・澤田　稔・上地完治（編著）（2014）．子どもを学びの主体として育てる―ともに未来の社会を切り拓く教育へ―　ぎょうせい
文部科学省教育課程課（編）（2015）．中等教育資料　No.949
文部科学省教育課程課・幼児教育課（編）（2014）．初等教育資料　No.917
文部科学省教育課程課・幼児教育課（編）（2015）．初等教育資料　No.924
文部科学省教育課程課・幼児教育課（編）（2015）．初等教育資料　No.928
堺　正之（2015）．道徳教育の方法　放送大学教育振興会
渡邉　満（2000）．心に響く道徳指導へ向けた工夫のあり方について（1）―道徳授業論の今日的状況をふまえて―　兵庫教育大学学校教育研究会（編）　教育研究論叢　第6号
渡邉　満（2006）．心に響く道徳指導へ向けた工夫のあり方について（2）―話し合い活動を基盤にした道徳授業をめざして―　兵庫教育大学学校教育研究会（編）　教育研究論叢　第7号
渡邉　満（2013）．「いじめ問題」と道徳教育―学級の人間関係を育てる道徳授業―　ERP

第 8 章

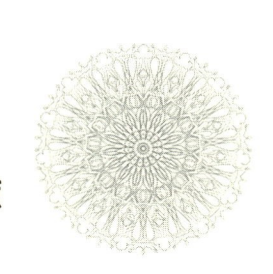

生命倫理と道徳

1. はじめに

　2015（平成27）年3月に一部改正された中学校の学習指導要領では，新たに設定された「特別の教科　道徳」（以下，道徳科と略）において生命倫理への言及がなされた。本章では，まず，この学習指導要領における生命倫理の位置づけを整理し，次に，生命倫理の主たる問題を概観したうえで，道徳科において生命倫理を取り上げる際の留意点や可能性について述べてみたい。

2. 学習指導要領・中学校道徳科における生命倫理の位置づけ

　中学校の学習指導要領で言及されている生命倫理は，2つの点に整理することができる。
　第1に，「生命を尊重する心」を育成するための生命倫理である。
　「学習指導要領解説　総則編」の「第3章　教育課程の編成及び実施」「第6節　道徳教育推進上の配慮事項」「2　指導内容の重点化」の「(2) 生命を尊重する心や自分の弱さを克服して気高く生きようとする心を育てること」において，「生命の尊さを深く考えさせ，かけがえのない生命を尊重する心を育成する取り組みが求められる」として，「生命倫理に関わる問題を取り上げ話し

合ったりすること」が一つの例としてあげられている。

　また，「中学校学習指導要領解説　特別の教科　道徳編」の「第3章　道徳科の内容」「第2節　内容項目の指導の観点」では，4つの視点のうち「D主として生命や自然，崇高なものとの関わりに関すること」に区分される「19　生命の尊さ」において，「指導の要点」として「生命倫理に関わる現代的な課題を取り上げ，話合い，多様な考えを交流することにより，生命とは何か，その尊さを守るためにはどのように考えていったらよいかなど，生命尊重への学びをより深めることもできる」と述べられている。このように，中学校の「道徳科」では，生命を尊重する心を育み，生命尊重の学びを深めるものとして生命倫理があげられている。

　そして第2に，現代的な課題としての生命倫理である。これについては，先に見た内容項目「19　生命の尊さ」の解説においても触れられているが，より明確に述べられているのが「指導計画の作成と内容の取扱い」においてである。「中学校学習指導要領解説　特別の教科　道徳編」の「第4章　指導計画の作成と内容の取扱い」「第3節　指導の配慮事項」「6　情報モラルと現代的な課題に関する指導」においても「科学技術の発展に伴う生命倫理の問題や社会の持続可能な発展を巡っては，生命や人権，自己決定，自然環境保全，公正・公平，社会正義など様々な道徳的価値に関わる葛藤がある」と述べられている。生命倫理は，生徒にとって身近な社会的課題であり，しかも道徳的諸価値に関わる葛藤がある問題でもある。

　このように，生命倫理は，生命の尊さという道徳的価値に根ざしつつ，様々な道徳的価値にも関わる現代の社会的課題として位置づけられている。この生命倫理は，小学校・道徳科の学習指導要領では取り上げられていない。現代社会の様々な「解決の難しい，答えの定まっていない問題や葛藤について理解を深め，多角的・多面的に考える思考力が育ってきている」中学生だからこそ，取り扱える課題とされている（「中学校学習指導要領解説　特別の教科　道徳編」第4章，第3−6−（2））。生命倫理という現代的・社会的課題を「自分との関係において考え，その解決に向けて取り組もうとする意欲や態度を育てるよう努めること」が求められている（「中学校学習指導要領　第3章　特別の教科　道徳」の「第3　指導計画の作成と内容の取扱い」の2の（6））。

3．生命倫理の主な課題

　学習指導要領において現代的な課題とされていたように，生命倫理は科学技術の発展によって生じてきた，生命についての倫理的な問題を扱うもので，20世紀後半に登場した。生命倫理はどのように展開してきたのか。簡略にその経緯を見ておこう。

　生命倫理は，英語では「バイオエシックス（Bioethics）」にあたる。この言葉は，1971年，アメリカの生化学者ポッター（Potter, V.R.）によって初めて用いられた（Potter, 1974）。ポッターは，「バイオエシックス」を人口問題，食糧問題，環境汚染問題など，地球環境に関わる問題を解決するための指針として用いた。しかし，この言葉は，当時のアメリカで議論されていた「医療倫理（medical ethics）」の問題群に新しい形で答えていく言葉として普及する。つまり，「バイオエシックス」は，当初の意味を離れて，科学技術の発展により展開した医療における生命の倫理を扱うものとして広まった。日本では，1980年代ごろから片仮名表記で「バイオエシックス」が語られるようになり，ほどなく訳語として「生命倫理」が用いられるようになった。そして学問分野の「生命倫理学」という言葉も，1980年代中頃から用いられるようになっている。

　科学技術の発展に伴って進展した医療は多くのいのちを救ってきたが，現代では，たとえば，人が生まれるのは病院，死を迎えるのも病院というように，人間の生命の諸相により深く関わることになった。このようななかで，生命に関わる様々な倫理的な問題が生じてきたのである。

　以下では，道徳科において生命倫理が言及されている内容項目「生命の尊厳」を軸として，生命の主たる諸相である誕生，性，死に着目して生命倫理の主な課題——安楽死・尊厳死，出生前診断，生殖補助医療を取り上げ，具体的な問題をみてみたい。

（1）安楽死・尊厳死——自分の最期の生き方と死の決定の問題——

　人間の生命は，不可侵の絶対的なものであるという「生命の尊さ／神聖さ（Sanctity of Life; SOL）」という考え方がある。医療技術の進展によって，そ

の侵しがたいものとされてきた生命の考え方に変化が生じてきた。そこで生まれてきたのが，人間がより豊かにその生を全うしようとする「クオリティ・オブ・ライフ（Quality of Life; QOL）」という考え方である。SOLとQOLがしばしば対立を見せるのが死に関わる問題，安楽死・尊厳死の問題である。

　近年，安楽死・尊厳死の問題が巷間の話題になった。2014年10月，アメリカ・オレンゴン州に住むブリタニー・メイナードさんが翌月，安楽死することを宣言し，本人が心境を語った動画をインターネットのYouTubeに投稿したことから国境を越えて話題になり，日本でもニュースで取り上げられた。メイナードさんは，末期の脳腫瘍のため余命6ヶ月と診断され，夫や実母と相談の上，病気の進行を抑えようとする放射線治療を拒み，安楽死を選ぶ決断をした。

　メイナードさんのように，死期が切迫したなかで，激しい肉体的苦痛を緩和・除去し，安らかな死を真摯に希望することでもたらされる死は，安楽死（Euthanasia）と言われる。これに対して，尊厳死（Death with Dignity）は，医療技術の進展によって可能になった様々な延命治療や生命維持を受けることで人間の尊厳が失われてしまうことを避けようとするものである。安楽死とは異なって，本人の真摯な要求や，疾病による苦痛の存在の確認や死期の切迫性の必要はないとされる。

　これらの安楽死・尊厳死の問題は，自分の最期をどのように生きるかという権利，「死ぬ権利」として議論されることがある。つまり，自分の死を自分で決める「死の自己決定権」である。この「死の自己決定権」については，様々な議論がなされてきた。人間の意思，自由の問題として。人間の生命，あるいは人間存在そのもののとらえ方の問題として。そして，安楽死・尊厳死などにより個人が死を決めることは，その死に医療者が介在することになることから，医療者の倫理の問題として，などである。

　なお，現在の日本では，安楽死・尊厳死のいずれも認められていない。仮に医師が患者の痛みを取り除こうと人為的に生命を終わりにしようとすれば，殺人罪に問われる（刑法199条）。また，患者の真摯な要求を受けて致死薬を投与したり，生命維持装置を外したりすることがあれば，同じように自殺幇助で罪に問われることになる（刑法202条）。ちなみに，これらを安楽死・尊厳死の議論でより細かく区分すると，前者は積極的安楽死，後者は消極的安楽死といわ

れる。欧米では積極的安楽死を合法化しようとする動きのなかで，安楽死から尊厳死への用語の転用がなされてきたのに対して，日本では，安楽死と尊厳死を明確に分けて用いている。このことを，大谷は日本に特異な点の一つと指摘している（大谷，2011）。

安楽死・尊厳死の問題は，死を「自己決定」できない場合の問題としても波及する。1976年にアメリカで起こった著名な事件，クインラン事件（カレン事件とも言われる）では，21歳で「植物状態」（正式名称は遷延性意識障害）になったカレン・アン・クインラン本人の意思が確認できない状態で，父親が人工呼吸器を外すことを求める法的な訴えを起こし，それが最終的にニュージャージー州の最高裁で認められることになった。

この事件では，人工呼吸器を外すことによってクインランの生命が終わる可能性があったため，大きな議論を巻き起こした。安楽死・尊厳死についての初期の事件だが，本人の意思が確認できないまま，家族などの後見人の判断で生命維持を終わらせ，その結果として死を迎えることは認められるのかということは争点の一つであった。

判決を受けて人工呼吸器は外されたが，クインランは肺炎で亡くなる1986年まで存命した。呼吸器の取り外しが死の直接の要因とはならなかったものの，クインランと同じケースで，本人の意思が確認できないまま，生命維持装置が取り外され，その人の死を決定づけることは起こりうる。その場合，主として家族が，その判断を迫られることになる。その判断は，本人の尊厳が失われることを回避してなされる判断なのか，あるいは家族の側がその人の延命治療や生命維持を望まないことによるのか。いずれにせよ，安楽死・尊厳死の問題は，自己決定の側面からのみならず，家族の，自分以外の他者の死を考える問題ともなる。

クインラン事件後，本人の意思決定を尊重するため，代理委託の可能性として事前に意思を表明するリビング・ウィル（living will）が重要視されるようになった。これによって，生前からの本人の意思を第一に尊重して，家族がその死を決定するような重圧を避けられるようになっている。

ちなみに，このリビング・ウィルは，臓器提供の可否の意思表示も対象とされることがある。臓器提供については，2010年に臓器移植法が改正され，本人

の意思が不在の場合でも，家族の承諾があれば臓器を提供することが可能になった。これによって，15歳未満の子どもの臓器提供も認められ，実際に臓器の移植も行われている。ただし，15歳未満の子どもでも，自分の臓器提供を希望しない場合は，その意思は尊重されるとされている。

(2) 出生前診断―産む・産まないの選択とその波及―

　結婚，そして親になり子どもをもつことは，人生の大きな節目とされてきた。現在の日本では，結婚については晩婚化，未婚・非婚率の増加が，出産については晩産化，合計特殊出生率の低下が指摘されているが，結婚，そして親になることは，子どもたちが自分の将来を思い描くときの指標の一つになっていると思われる。そうした結婚・出産に関わる医療技術においても，生命倫理の問題が生じている。

　2013年4月に，日本で「新型出生前診断」と言われる検査が導入された。これは，1980年代に普及した，母体の血液によって胎児の染色体異常を検査する「母体血清マーカー検査」がより高精度になったため「新型」と言われるものである。そもそも出生前診断は，母体を保護し，胎児の，あるいは出生すぐの新生児の治療を可能にするため行われるようになったものである。出生前の検査には，超音波検査や，羊水そのものを取り出して行う羊水検査などもある。医療技術の進展によって，母体を通して胎児の様子を見るのではなく，さらに羊水そのものを取り出すのではなく，母体の血液から胎児の状況がわかる検査法が生み出された。しかも，胎児の染色体がわかるというのである。

　「新型出生前診断」が導入されて1年半後の調査によれば，この結果で陽性とされ，さらに確定的な羊水検査等を経て胎児の異常が判明した176人のうち，9割以上が人工妊娠中絶をしたという（2015年4月11日朝日新聞記事）。たしかに，人工妊娠中絶は，母体保護法により妊娠21週までは認められている。それは法律上，母体の保護を目的としているが，出生前診断は，胎児の側の問題によって産む・産まないという選択を可能にした。

　特にこの「新型出生前診断」が話題となり議論されているのは，障害をもつ人への差別・偏見の問題にも連なりかねない問題をはらんでいるためである。検査では，ダウン症候群などの要因となる染色体異常を明らかにできるとされ

ている。そのため，産まないという選択は，障害のある子どもを産まないという選択に直結する可能性がある。つまりそれは，障害の有無でいのちを選択するということである。出生前に胎児の診断を行うことが通例となれば，障害をもつ人への差別や偏見が社会的に定着しかねない。実はこのことは，1980年の「母体血清マーカー検査」導入時から議論されていたが，検査は医療技術の進展によって，より高度化してきている。今後さらに検査の水準が高まれば，いのちの選別という問題がより甚大になりかねない懸念もある。

（3）生殖補助医療―親子関係の複雑化と存在の問題―

いのちはいつ始まるのか。私たちは科学的な知識をもって，精子と卵子が結合した受精卵が母胎で育まれ，出産を経て人間として誕生してくることを知っている。では，子どもを望んだら子どもが誕生するかといえば，そうではない。子どもを望んでも，授かれない，妊娠・出産できないことがある。そのようなとき，現在では精子や卵子を体外に取り出し，人工授精させたり，体外で受精させたりして生殖を補助し，いのちを誕生させることが可能になっている。

科学技術の発展は，精子や卵子を身体から取り出して人為的な操作を加える生殖補助医療も向上させた。その一方で，性交による生殖のみで，人のいのちが誕生した時代に想定されていた，「標準的な」親子関係を混乱させるようになっている。

その一つが，代理出産の問題。母親の体外に取り出した卵子を授精させ，それを第三者の女性が出産する。では，生まれてきた子は代理出産を依頼した女性の子どもなのか，代理出産した女性の子どもなのか。過去に，アメリカでベビー・M事件と呼ばれる事件があり，代理出産した女性が子どもを手放すことができず，裁判で養育権等が争われた。なお，現在の日本では，日本産婦人科学会の会告により，代理出産は実施されない。仮に代理出産のケースがあったとしても，母親とされるのは子どもを産んだ女性となる（1962年4月27日判決：最高裁判所民事判例集第16巻7号1247頁）。

二つめは，精子，卵子，もしくは受精卵の提供を受けて出産する場合の問題である。この場合，遺伝上の父親，母親，もしくは両親が，養育上の父親，母親，両親と異なることになり，親子関係が複雑になる。さらに代理出産も行わ

れることになれば，子どもは最大で5人の親をもつことになる。

　最後に三つめとして，カップルのいずれかが亡くなった後に，凍結していた精子や受精卵によって子どもを出産する問題である。特に夫が亡くなっている場合，遺伝上は父親であっても，出生した子どもの父親として法的に認められるかという問題がある。

　これらいずれもが，過去に日本で実際に起きた問題である。そして特に近年，話題になっているのは，提供精子を用いた人工授精（Artificial Insemination by Donor；AID）で生まれた子どもたちの問題である。かつてAIDは，「非配偶者間人工授精」と呼ばれていた。この名称からわかるように，精子の提供を受けて授精させるもので，無精子症など，配偶者の男性側の理由により不妊となる場合に適用される。精子の提供を受ける際には，提供する男性と配偶者の男性，つまり子どもの父親になる男性と血液型が同一であるように考慮されるものの，日本産科婦人科学会の会告により，精子の提供者を知ることはできない。

　AIDによって日本で最初に子どもが生まれたのは1949年。現在での最高齢者は60歳を超えている。そして，この医療技術によって毎年160人ほどが誕生しているという。こうして生まれてきた子どもたちが，一定の年齢に達し，精子の提供者の情報を求めて，生まれた子どもの立場から声を上げ始めた（非配偶者間人工授精で生まれた人の自助グループ・長沖，2014）。自分はどのようにして生まれてきたのか。自分の存在基盤を問い，その答えを求めようとする子どもの視点は，生殖補助医療の発展の陰で，今日に至るまで十分に考慮されてこなかったと言ってよいだろう。生まれてきた子どもたちは「出自を知る権利」を求めて，また当事者の視点から生殖補助医療そのものを問い直そうとしている。

4．道徳科でどのように生命倫理を取り上げていくか

　科学技術の発展によって進展した医療技術は，多くのいのちを救いつつ，一方で，生命のはじまり，終わりなどを人々の手にゆだねるような選択肢を私たちに提示する。そうしてなされた選択・決断が，現在では様々な社会問題や人

間の存在基盤にも影響するものになっている。こうした生命倫理の問題を，どのように「道徳科」で取り上げていくか。再び学習指導要領に立ち返りながら，要点を整理してみたい。

(1) 生命倫理の特質：答えが定まらない問題を考える／考え続ける

　生命倫理の諸問題は，明確な結論が出されているわけではない。多様な意見があり，議論がなされ，考えを深めることによって，よりよいあり方を目指そうとしている。このような生命倫理の特質は，道徳科で取り上げる際にも踏まえておく必要があるだろう。これについては，学習指導要領解説でも配慮事項として述べられている。生命倫理のような現代的な課題の学習では，「多様な見方や考え方があることを理解させ，答えが定まっていない問題を多面的・多角的視点から考え続ける姿勢を育てることが大切」であり，「安易に結論を出させたり，特定の見方や考え方に偏った指導を行ったりすることのないよう留意し，生徒が自分と異なる考えや立場についても理解を深められるよう配慮しなければならない」とある（「中学校学習指導要領解説　特別の教科　道徳編」第4章－第3節－6－(2)）。

　「道徳科」では問題解決的な学習を取り入れるなど，指導方法の工夫が求められている。問題解決的な学習は，道徳科の授業で現代的な課題を取り上げる際に活用できるとされており，生命倫理の課題を取り上げる際にもその有効性は指摘できる。注意しなくてはならないのは，問題解決ということを結論を出すことと理解して，早急な結論を求めないようにすることである。生命倫理には明確な結論が出されていない。結論が出ていないところに踏みとどまって学び，考える必要がある。考える際には，特定の見方や考え方によらず，多様な見方や考え方を理解させることによって，生命倫理の課題について自分自身で考え，生命そのものについて考えを深められるように促したい。

(2) 生命倫理の問題との距離を縮める：よりよく生きることにつなげる試み

　生命倫理は現代的な課題であり，生徒の関心も高いと考えられる。だが，懸念もある。社会では起きているが自分には直接関わりのない問題として生徒に

125

受け取られる可能性もあるのではないか。たとえば，死に関わる生命倫理の問題については，大人になろうとしている子どもたちが人生の終わりの死を考えようとすることは難しいかもしれない。また，自分が出生前診断を行い，陽性の結果が出たときに，どのような判断をするかという問題も現実的に思い描くことは困難な可能性がある。そして，生命倫理では，多様な見方，考え方があるものの，明確に定まった答えがないだけに，場合によっては，生徒の考えようとする意欲や，多様な見方や考え方を学ぶことへの意欲にもマイナスの影響を及ぼしかねない。

　生命倫理の問題を取り上げる際には，それらの問題と生徒との距離をどのように縮めるかは課題になるだろう。一つの手立てとして考えられるのは，生徒自身はまだ体感していないが，大人が知る，生命についての生き生きとした経験を学びの素材とすることである。生命倫理の諸問題と関わった／関わっている大人，たとえば医師や看護師など生命に寄り添う仕事をする専門家，出生前診断を行った妊婦，精子提供によって生まれた当事者の声がある。実際に生命倫理の諸課題に当面した人々の声を取り上げることで，それらが自分と同じ社会に生きる人の声であり，自分の先の人生を生きる人の声であるという点で，より身近に感じられるようになるのではないだろうか。

　先に触れたように，「新型出生前診断」導入の１年半後の調査では，陽性が確定した９割が人工妊娠中絶をしたという結果が出ている。より詳細に結果をみれば，障害のある胎児の出産を引き受けられないと中絶を決断したケースでも，中絶をした女性の多くがその決断を幾度となく問い返し，葛藤を抱き続けていると言われている。一方，陽性が確定しても出産し，障害があっても自分の子として愛し，育てている例もある。実際に出生前診断を行った妊婦の意見は多様であるし，夫や家族の意見も様々である。こうした今を生きる大人たちの声を生かして，将来起こりうる，自分自身にも関わる身近なものとして生徒が生命倫理の問題を考えることは，生徒自身がよりよく生きようとする学びにもつながるだろう。

(3) 問題解決に向けた協働

　先に触れたように，学習指導要領解説では，現代的な課題を道徳科の授業で

取り上げる際には問題解決的な学習を活用することができるとされている。そして，生命倫理のような現代的課題には，「多様な見方や考え方があり，一面的な理解では解決できないことに気付かせ，多様な価値観の人々と協働して問題を解決していこうとする意欲を育むよう留意すること」が求められている（「中学校学習指導要領解説　特別の教科　道徳編」第4章－第3節－6－(2)）。異なる価値観の人々とも協働して，問題を解決していこうとすることは，社会の形成者としての意識を高め，よりよい社会を実現しようとすることにもつながる。

　昨今，イルカ追い込み漁が話題になっている。長年，漁を行ってきた日本に対して，欧米各国から批判が寄せられ，停止が求められていることは記憶に新しい。日本で古くから人々が生きるために行ってきた，一つの猟の営みが，他国から見れば停止すべき行為として批判される。この背景には，特に欧米で活発な，動物の生命についての倫理，動物の倫理の議論がある。現代社会では，グローバル化によって個々人の間ではもちろん，価値観や倫理観が異なる国どうしの間で起こる問題を，協働して解決していく必要性も生じている。現代社会で必要とされる，他者と協働して問題解決を図る意欲を，生命倫理の問題としても考えていけるような工夫が求められている。

(4) 他の道徳的価値との結びつきによる学びの展開

　生命倫理の課題は，生命の尊さに根ざして，様々な道徳的価値と関わっている。先に取り上げた出生前診断は，障害をもつ人への差別・偏見の問題へと波及しかねず，危惧されていることを述べたが，これは「公正，公平，社会正義」に関わる問題である。また，前述のイルカ追い込み漁のような問題は，動物の倫理として「自然愛護」とも関わる。「自然愛護」は動物の倫理として，声をあげない動物たちへの「責任」の問題にもなり，未だ生まれ出ない子どもたちへの「責任」にも及ぶ。さらに「遵法の精神・公徳心」との関連では，法ではないものの，医師のヒポクラテスの誓いや，日本産婦人科学会等が出している会告やガイドラインなど倫理規定に値するものから生命倫理の問題を取り上げることも可能である。

　「バイオエシックス」を初めて用いたポッターは，地球環境の問題に対応す

るには「学際的な叡智」が必要だとした。生命倫理も法的・社会的問題となる課題であることから，他の道徳的価値と結びつけて学びを深めていくことが求められよう。

5．おわりに

　最後に，道徳的価値「生命の尊さ」に立ち返って締めくくりとしたい。
　先に見たように，生命倫理のような現代的な課題の学習について，学習指導要領解説では，「多様な見方や考え方があることを理解させ，答えが定まっていない問題を多面的・多角的視点から考え続ける姿勢を育てることが大切」だとされている。ここで述べられている「多面的・多角的視点」は，生命倫理についての多様な見方，考え方であることは言うまでもないが，同解説を読み解くと，それは生命への視点としても言われていることがわかる。生命についての「多面的・多角的視点」としてあげられているのは，生命がつながり関わり合っているという「連続性」，生命には終わりがあるという「有限性」，自分が今ここにいる不思議という「偶然性」，そして生命体の組織や生命維持の仕組みの不思議があるということの４点である（「中学校学習指導要領解説　特別の教科　道徳編」第４章－第３節－６－（２））。こうした生命への「多面的・多角的視点」を育むには，他教科等での学びも欠かせない。
　ところで，こうした生命尊重の学びを深めようとする教育は，「いのちの教育」や「生と死の教育」としても実践されてきた。その一環として，生命倫理教育の実践も行われている。それらの理論や実践，およびその検討を踏まえつつ，付言しておきたい。
　西平は，大学生・大学院生の言葉から子どもの頃の死のイメージや，幼い頃に抱いていた誕生の不思議の豊かさを報告している（西平，2005，2012，2015）。そして，子どもの頃の「自分の出生（自分という存在の起源の出来事）」の不思議について，「人生の『始まり』の問題は，一方で『性や出産』の問題であり，他方では『自分自身の存在の開始』の問題」であること，したがって子どもにとって「自分がここに『いる（存在している）』ことが不思議に感じられる『存在論的な問い』が『性の問い』と結び付くこと」には戸惑いや混乱が生

じることを述べている（西平, 2015）。

　中学生という時期は，西平のいう「存在論的な問い」が「性の問い」に結び付き少しずつ融和を見せ始めるが，そこに新しい生命を生み出す可能性があるという自分の不思議も新たに重ね合わされていく時期になるだろう。そして中学生という時期は，現代社会の様々な「解決の難しい，答えの定まっていない問題や葛藤について理解を深め，多角的・多面的に考える思考力が育ってきている」時期でもある。生命についての不思議や戸惑い，混乱も携えながら，生命倫理の問題に取り組むことで，生徒が現代社会との関わりのなかで自分自身を見つめ，人間としての生き方についての考えを深めていくことを期待したい。

● 引用・参考文献

非配偶者間人工授精で生まれた人の自助グループ・長沖暁子（編著）(2014) AIDで生まれるということ　萬書房
市野川容孝（編）(2002). 生命倫理とは何か　平凡社
西平　直（2005). 教育人間学のために　東京大学出版会
西平　直（2012). 「死の教育」からの問い―デス・エデュケーションの中の生命倫理学―　シリーズ生命倫理学編集委員会　終末期医療　丸善出版
西平　直（2015). 誕生のインファンティア　みすず書房
大谷いづみ（2005a).「いのちの教育」に隠されてしまうこと―「尊厳死」言説をめぐって―　松原洋子・小泉義之（編）生命の臨界―争点としての生命　人文書院
大谷いづみ（2005b). 生と死の語り方―「生と死の教育」を組み替えるために―　川本隆史（編）ケアの社会倫理学―医療・看護・介護・教育をつなぐ―　有斐閣
大谷いづみ（2011).「自分らしく，人間らしく」死にたい？―安楽死・尊厳死―　玉井真理子・大谷いづみ（編）はじめて出会う生命倫理　有斐閣
Potter, V.R.／今堀和友・小泉　仰・斎藤信彦（訳）(1974). バイオエシックス―生存の科学―　ダイヤモンド社
齋藤有紀子（編）(2002). 母体保護法とわたしたち―中絶・多胎減数・不妊手術をめぐる生徒と社会―　明石書店
シリーズ生命倫理学編集委員会（2012). 生命倫理の基本概念　丸善出版株式会社
玉井真理子・大谷いづみ（編）(2011). はじめて出会う生命倫理　有斐閣
柘植あづみ（1999). 文化としての生殖技術―不妊治療にたずさわる医師の語り―　松籟社
柘植あづみ・菅野摂子・石黒眞理（2009). 妊娠―あなたの妊娠と出生前検査の経験をおしえてください―　洛北出版

第 9 章

生き方を考える道徳教育の意義
――「偉人伝」をどう解釈するか――

1．はじめに

　先人，偉人，著名人の生き方は自己の生き方を考えるための導きになるという。具体的な人物の生き方には憧れや親しみを感じやすいからであり，生きることの魅力や意味の深さについて考えることができるからだと言う。それゆえ，道徳教育ではしばしば人物の伝記が活用されてきた（文部科学省，2014）。ところが，いくつかの授業実践記録を見るかぎり，学習者の学習実態はおおよそ次のとおりである。偉人の生き方に「すばらしい」と言って感動する。自分も「○○を頑張ろう」と言って決意を表明する。たいていの場合はそれだけである。ある人物の生きた歴史的・社会的文脈を調べ，現在との違いはどこにあるかを確認する。そのうえで，もし自分がその状況にいたらどう判断し行動するだろうかと考えてみる。あるいは，歴史的・社会的文脈は異なるけれど，現在に共通する重要な問題が提起されていないだろうかと考えてみる。そして，もし自分たちが同じような問題に直面したら，どう判断し行動するのが望ましいかを話し合ってみる，といった展開はまれである（貝塚・柳沼，2014）。そこでは先人の問題を共有したり，問題解決のために事実を調べたり，望ましい判断の仕方や行動の仕方について考えたり，話し合ったりするような知的な学習活動が軽視されているだけではない。伝記の読みにおける主観的な心情把握と

客観的な事実認識の分離，あるいは過去と現在の安易な媒介によって，学習に広がりも深まりも生じていないのである。

　では，伝記はどう読むべきなのか。結論を先取りして言えば，伝記を読む者，つまり学習者の問題意識を喚起しつつ，ものの見方・考え方を拡大・深化させるように読むべきである。そのために，人物の生き方から社会構造を問い直すように読むべきである。そうすれば，学習者はある社会的状況における意志決定の仕方や判断の仕方を学ぶことになる。生き方を考える道徳教育で伝記を読むことの意義はこの点にあると考えられる。

　そもそも伝記は，筆者の視点から描かれた人物の物語である。どのような視点をとるかによって筋立ても人物像も変わる。どのような事実を語り，どのような事実は語らないでおくか，あるいはどのような事実が想起され，どのような事実が忘却されるかは，筆者の立脚点によって異なる。つまり，筆者がどのような歴史的・社会的文脈で伝記を執筆するかによって，事実の取捨選択の仕方が変わり，人物の意志決定や行為の意味づけは変わってくるのである。さらに伝記は，筆者の手を離れると，今度は解釈者の側の歴史的・社会的文脈で別様に理解され伝承されることになる。したがって，伝記を読んで理解できるのは，脱文脈的な心情や事実ではなく，伝記の言葉が表現している時代や社会であり，その状況における人物の生き方である。そして，伝記の言葉と向き合う解釈者自身の時代や社会であり，その状況における解釈者自身の生き方である。伝記の言葉から離れ，時代や社会の状況から切り離された人格や心情などは知りようがなく，また，知ろうとすることが道徳教育上，望ましいわけでもない。知りえないことについては，「無知の知」を自覚して「わからない」と言うか，黙っておくことのほうが誠実な態度であるとさえ言える。問題は伝記と学習者が出会うことによって，両者の間にどのような意味世界が生じるかである。この意味世界の生成が，学習者自身の生き方への問いを喚起し，ものの見方・考え方を拡大・深化させ，社会構造の問い直しを促すものとなるには，どのような伝記教材を選択し，学習者に提示するのが望ましいか，さらにどのような学習活動を展開するのが望ましいかが，道徳教育では問われなければならない。

　しかしながら，従来の道徳教育の方法を支配してきたのは心情主義（心理主義）である。ここで言う心情主義とは，「理性的な思考によらず，感覚や情緒

で判断する，あるいは判断するように仕向ける，さらには，問題を自分の心の問題にのみ向かわせ，解決を心のもち方に求めようとする手法」である（鶴田，2014，p.12）。心情主義の道徳教育では，学習者に社会構造の別の可能性を問うように誘うのではなく，自己の意欲を高め，意志を強くし，自覚をもって行動するように促す。このようなやり方は，人物の伝記を活用して子どもの興味を喚起させ，道徳的実践への意欲を鼓舞するという点で，戦前の修身教授とも共通している。1890（明治23）年に教育勅語が発布された後，ヘルバルト学派の教育思想・学説の影響によって行われた修身教授は，人物の伝記と徳目を組み合わせた修身教科書を用いて子どもの興味を喚起しつつ，教育勅語の趣旨を徹底させようとした。それ以来，心情主義は伝記教材を活用した道徳教育を強く規定してきたのである。

　そこで本章では道徳教育における心情主義の問題点を克服するため，まず，戦前の日本で行われた修身教授，すなわち伝記を用いて子どもの興味を喚起する道徳教育の問題点を明らかにする。次に，1945（昭和20）年の敗戦後，新たな理想的人間像の確立と伝記の教育学的構成の必要性を訴えた唐澤富太郎（1911-2004）の道徳教育論を検討する。そして最後に，学習者の生き方を考える道徳教育を充実させるために，伝記教材はどのような視点から選択され読まれるべきか，さらに学習活動はどのように展開されるべきかを明らかにしたい。

2．子どもの興味を喚起する道徳教育──伝記を活用した修身教授の問題点──

　道徳教育における心情主義の問題点は，社会構造の問題を不問に付したまま，個人の心の持ち方にのみ関心を向けるため，生き方を考える道徳の学習に広がりも深まりも生じさせない点である。それではなぜ，伝記を活用した道徳教育は心情主義に陥りやすいのか。この問題を考えるためには，道徳教育に人物の伝記が活用されるようになった歴史的経緯を確認しておかなければならない。

　吉田・海後（1935）によれば，1890（明治23）年に教育勅語が発布されると，国民の徳育としての修身教育は教育勅語の精神に基づくものとされた。問題は，

教育勅語の精神を子どもにどう教えるかである。忠孝のような徳目は抽象的で子どもにはわかりづらい。そこで，これらの徳目を生活に具体化して，子どもに的確に理解させる必要が生じた。当時の修身教授の方法と内容に大きな影響を及ぼしたのはヘルバルト学派の教育思想・学説である。方法の面では五段階教授法と興味論，内容の面では人物の伝記が重視された。その結果，修身教授は人物の伝記を活用して子どもの興味を喚起し，情操を陶冶することに重点が置かれた。その際に，伝記を活用した修身教授の利点は次の点に求められた。（1）子どもの興味を喚起することで道徳意識を呼び覚まし，道徳的実践への意欲を鼓舞することができる。（2）徳目を具体化して子どもに理解させることができる。（3）模範人物に感化された子どもの道徳的人格を全体的に涵養できる。これらの点は，教育勅語の精神に基づく社会秩序を築くうえでは確かに好都合であった。しかし，社会構造の問題を不問に付したまま，子どもに模範人物に対する憧れを抱かせ，道徳的実践への意欲を鼓舞するという点では心情主義に陥る危険があったと言える。

　では，心情主義は修身教科書の編纂にどのような影響を及ぼしたのか。それは徳目と人物を組み合わせて子どもの心情に訴えるという形で，修身教科書の基本的な編纂方針に強力な影響を及ぼしたと言える。そもそも修身教授には大きく二つの目的があった。一つは教育勅語の趣旨を徹底させること，そしてもう一つは子どもの道徳意識を啓発しその実践を指導することである。そのどちらに比重を置くかによって，検定修身教科書の編纂方針に二つの類型が生じた。一つは1893（明治26）年ごろから1897（明治30）年ごろまでの，教育勅語の徳目を基本にしたものと，もう一つはそれに次ぐ時期の，人物の伝記を中心にしたものである。教えるべき徳目をあらかじめ選定しそれに例話を加えていく編纂方針は徳目基本主義と呼ばれた。それに対し，模範的人物の伝記を主な教材としてそれに適宜教訓を加えていく編纂方針は人物基本主義と呼ばれた。ヘルバルト学派の教育思想・学説から強い影響を受けた編纂方針は人物基本主義である。この編纂方針に基づく検定修身教科書には，たとえば普及舎編『修身教典』（1900）がある。その高等小学校用の目次は次のようになっている。

　　一，仁徳天皇　二，楠木正行卿（忠孝）　三，楠木正行卿（忠孝）　四，忠孝　五，

二宮尊徳先生（孝行）　六，二宮尊徳先生（友愛）　……以下省略。

(吉田・海後，1935, p.110)

　しかしながら，このような検定修身教科書では教育勅語との関連が十分に考慮されていないという批判が出た。人物基本主義は子どもの道徳的感情を惹起する点に長所がある反面，子どもに必要な心得，つまり教育勅語の徳目を遺漏なく順序よく教えることが困難だという。一方，徳目基本主義は子どもに必要な心得，つまり教育勅語の徳目を遺漏なく順序よく教えられる点に長所がある反面，子どもの興味や道徳的感情を引き出すことが困難だという。そこで，人物基本主義と徳目基本主義の長所を併せ取るという方針のもとに国定修身教科書が編纂されることになった。こうして，「徳目か，人物か」という議論は両方のバランスをとることで解決が図られ，1904（明治37）年4月から全国で国定修身教科書が採用された。

　しかし，これによって伝記を活用した修身教授の困難な点が解消されたわけではない。亘理（1933）によれば，まず，教育勅語にも子どもにも配慮した模範人物を選定することが容易ではない。道徳上の偉人にも一長一短がある。また，模範人物が選定されても，それがそのまま子どもの模範になるとは限らない。しかも，時代や境遇が違えば，人物の行為を理解することも容易でない。子どもの生活経験に合わない場合もある。偉人伝の多くは，人物の成長後の事跡が中心に描かれており，子ども時代の生活がほとんど描かれていない。偉人の少年時代と現在の子どもの生活との間にはなはだしい差異があり，教材として不適切なものが多いという。

　また，教師が留意すべき点も多いという。亘理（1933）によれば，それは修身教授の内容と方法の面から，次の点にまとめることができる。

①徳目には根本的なものもあれば，時代に制約されたものもある。根本的な徳目，例えば国民道徳における忠孝はどんな場合でも除去してはならない。
②道徳は文化史的に発展途上にある。その発展のプロセスにおいて，人物はある時代における道徳の表現として扱うべきである。
③人物は諸々の徳を総合的に具有している。一つの行為から単に一種の徳を

学びうるものではない。ある場合には教師が想定している徳目ではなく，他の徳の表現として子どもが感激し，それから深い教訓を受けることもある。
④偉人を敬慕する感情を涵養し教訓を得ようとするあまり，偉人を偶像崇拝の対象としてはならない。
⑤子どもが自由に自我の本心に内省して，人物の道徳的価値を見出すようにする。教師はある徳目を教授することを想定していても，子どもに対しては，単に人物とその事跡のみを提示し，子ども自らがその中にある道徳的価値を見出し，自らそれを概念化し徳目化していくようにする。
⑥すべての徳目は外的権威によって押し付けるような他律的なものとして扱ってはならない。道徳は子ども自身の本性の中に自由に見出されるものであり，子どもが自発的に要求するようなもの，つまり子どもの自律を促すものでなければならない。

このように，伝記教材を活用した修身教授では徳目と人物と心情を三位一体のものとして調和させることが求められた。しかしながら，ヘルバルト学派の教育思想・学説と教育勅語では人生観・社会観の点で大きく異なっていた。両者の間における不一致は，バランスをとることによって容易に解消できるものではなかったのである。ヘルバルト学派の教育思想・学説は道徳的品性の陶冶を教育目的とする。その道徳論はカントに依拠した個人主義の道徳論であって，忠孝を基本にした道徳論ではない。個人主義を基調とする道徳論では，「全国を一大家族となす我が国の社会理想の如き全体主義」とは一致しなかった（吉田・海後，1935，p.95）。それゆえ，伝記を活用した修身教授は教育勅語の趣旨を徹底させるうえで不十分だとみなされたのである。

3．理想的人間像の確立と伝記の教育学的構成—唐澤富太郎の道徳教育論—

1945（昭和20）年の敗戦後，教育勅語は否定され，民主主義と平和主義を基調とする教育基本法が新しい教育を基礎づけることになった。そこで問題に

なったのは，教育基本法の精神に合致した理想的人間像をどのように確立するか，そして伝記教材をどのように選定するかであった。以下では，この問題に取り組んだ唐澤富太郎の道徳教育論を検討しつつ，心情主義を克服するための視点を明らかにしたい。

　唐澤（1978）は戦前の理想的人間像の問題点を次のように指摘する。まず一点目は，国家により上から与えられたという点である。戦前の日本の教育では，臣民の模範となるべき理想的人間像が明治天皇や二宮金次郎をはじめ，軍人，官僚，庶民，女性などから選定され国定教科書に取り上げられていた。しかし，これらの理想的人間像は国家により上から国民に与えられたものであって，国民自身のなかから選択されたものでなかった。それゆえ，敗戦によってそれまでの教育を規制してきた国家が否定されると，理想的人間像もまた雲散霧消するに至ったという（唐澤，1978，p.163）。そして二点目は，人物を全人的な面で捉えることなく，特定の徳目に基づいた面だけが強調されたという点である。国定修身教科書に登場する人物，たとえば明治天皇や二宮金次郎は忠，孝，愛国といった徳目を教えるための手段にすぎなかった。つまり，国家的見地から要求される徳目に人物が当てられたため，人物の人間的な生き方が軽視されたという。偉人の特殊性だけを取り出して神格化することによって，人物の人間性を無視した偽善的な修身教育が行われたというのである。

　一方，戦後の理想的人間像にも問題があったという。なぜなら，民主主義の精神を示す理想的人間像が，日本の歴史的伝統や社会的背景を十分に考慮せず，主にアメリカや西欧諸国に求められたからである。一方，日本の過去の歴史のなかから民主主義に合致した理想的人間像を求めることも難しかった。そうした事情から，戦後の教育は具体的な理想的人間像を確立することなしに，抽象的な民主主義，平和主義，文化主義のお題目を羅列してきたという。

　このような戦前と戦後の問題点を踏まえ，唐澤が提唱する理想的人間像は次の特色を持っている。まず一点目は，人間の本性に基づいた人間的な価値が尊重されなければならない点である。教育基本法に示された「自主的平和的個人」は普遍性，世界性を持つとともに，日本の現実に適合し，日本の将来を考慮に入れた，具体性を持つものでなければならないという。そして二点目は，戦前のように国家的見地から一方的に決定されるべきものではなく，逆に戦後

のように社会的現実から遊離した教育的理想によってのみ決定されるものでもない，これら二つの見地から総合的に判断すべきものであるという点である。具体的には，ヒューマニズムを持った政治家，実業家・勤労者・社会事業家，宗教家，芸術家・文化人，東洋人，世界的視野を持った人などがあげられている。さらに三点目として，子どもの心に人間的な感動を与えるものでなければならないという点である。伝記教材は生きた理想的人間像を子どもに与える有力な力になるという。そのために唐澤は，伝記教材が新しい時代を担う子どもに理想的人間像を具体的に与えるよう，伝記の教育学的構成の必要性を訴えるのである（唐澤，1978，p.172）。

戦前の伝記教材は教訓的意図が強く，個人の偉業や立身出世譚などに重点が置かれていた。そこでは個人の人間形成や社会との関係が十分に把握されていなかった。そこで唐澤が要求する伝記の教育学的構成とは，第一に，個人の人間形成の過程が十分に描かれているという点である。どんな偉人でも，一個の不完全な人間として時代の制約下に悩みつつ人間的な弱さを克服して偉大な人間性をつくりあげていくプロセスがある。そうした点に伝記の教育学的構成要素があるという（唐澤，1978，p.182）。そして第二に，個人を取り巻く時代や社会が十分に描かれているという点である。時代や社会が偉人をつくりあげていくという側面にも関心を払うべきだという（同上）。さらに第三に，子どもの心情に訴えるという点である。「伝記教材は，それによって児童の心性に深い感動が生じて，与えられた人間像に向かって児童が向上心を燃やすところに教育的な価値があるのである。その意味においては，伝記教材は芸術的に見ても優れた作品であることが必要なのである」という（唐澤，1978，p.183）。

このように唐澤の道徳教育論は，人物の生き方を人間形成の動的な過程として把握しつつ，その過程を時代や社会の状況に関連づけようとしている点で，心情主義を克服する可能性を示唆している。伝記教材に時代や社会の状況が十分に記述されていれば，学習者は歴史や社会の事実を知りつつ，興味があれば自分でもっと調べることもできるはずである。また，伝記教材に人間形成の動的な過程が十分に描かれていれば，学習者は歴史や社会とのつながりのなかで望ましい判断の仕方や行動の仕方を考えることもできる。道徳の学習は社会科などの教科の知識にも及ぶという点で広がりが生じ，自分自身の生き方を考え

るという点では深まりも生じる。さらに唐澤の指摘で忘れてはならないのは，伝記教材が芸術的に優れた作品でなければ，子どもたちに深い感動を与えることはできないという点である。確かに，学習者を感動させ，道徳的実践への意欲を鼓舞するだけでは心情主義に陥る危険がある。しかし，伝記教材は言葉の表現に深い味わいがあってこそ，読んで考えるに値する教材になる。国語で文学作品を丁寧に読むのと同様に，道徳の伝記教材にも丁寧な読みが必要である。そうしなければ，テキストから離れたところで人物の心情ばかりを想像する，広がりも深まりも生じない学習になってしまうのである。

　しかしながら，優れた伝記教材によって理想的人間像が子どもに与えられるだけでは，道徳教育における心情主義を克服することはできない。理想的人間像と伝記教材の選定基準が国家から人間へ，あるいは教育勅語から教育基本法へと転換されても，教えるべき内容が忠孝から民主主義に変わるだけである。また，「国家による押しつけ＝悪」と「人間形成＝善」という近代特有の二項対立図式の思考に依拠している限り，道徳教育で社会構造を問い直す視点は出てこない。国家による押しつけがいけないと言っても，国民や子どもの側から学ぶべき価値のある伝記教材が自然に出てくるわけではないのである。さらに，伝記教材の教育的効果が，道徳で教えるべき抽象的な内容を人物によって具体的に示すことができるという点に求められている限り，そして子どもの感動と向上心を引き出すことができるという点に求められている限り，徳目と人物を組み合わせて子どもの心情に訴える修身教授のやり方，すなわち心情主義がほぼそのままの形で引き継がれている。それゆえ，学習者が人物の生き方から社会構造を問い直しつつ自分自身の生き方を考えるという方向に，道徳教育が拡大・深化していかないのである。

4．学習者の生き方を問う道徳教育―伝記教材「田中正造」の場合―

　それでは，伝記教材はどのような視点から選択され読まれるべきか，さらに学習活動はどのように展開されるべきか。ここで重要なのは，学習者の問題意識を喚起するという点である。問題意識とは一般的な社会問題に対する関心ば

かりでなく，学習者の生活から出てくる問題意識でもある。もちろん，学習者が日常的に抱いている疑問もある。しかし，そればかりでなく，何かに触発されて不意に生じてくる疑問もあるはずである。「これはいったいどういうことだろうか」，「本当にそうなのだろうか」，「なぜ，そうなのだろうか」という疑問である。さらに一歩進んで，「これはおかしい」，「これは問題だ，少し考えてみなければならない」という，批判含みの疑問もあるだろう。このように，何らかの問題意識が喚起されなければ，現実を深く懐疑しつつ理想的な生き方を求めることはできない。

では，伝記教材は学習者の問題意識を喚起するのか。ここで注目したいのは，問題意識を喚起する文学の機能である。西尾（1958）は次のように述べている。

> 文学が人間形成にあずかり，道徳教育に触れるのは当然である。文学鑑賞が「人間いかに生きるべきか」の問題と取り組む作業であるということは，それが静観的な認識からはじまるべきものでもなく，また受け身的な理解から出発するべきものでもなく，もっと根源的な人間の主体的な感動や思考を喚びさまして，めいめいの生活問題意識を喚起しないではおかない文学機能をよりどころとしているからである。
> 　　　　　　　　　　　　　　　　　　　　　　　　　　　（西尾，1958, p.66）

この指摘は重要である。伝記も芸術的に優れた作品であることが望ましいとすれば，文学の一種だと考えられるからである。伝記教材を活用した道徳教育も，学習者の問題意識を喚起する文学の機能をよりどころにすることができるからである。さらに西尾（1958）は次のようにも述べている。

> 文学教育における人間形成といえば，一般には，文学作品が与える感動が人間の根源的な意識を喚びさまし，その思考・感動を純化し，人間的変革をもたらす点を指しているけれどもそれだけではない。更に鑑賞者その人の主体的な問題意識を喚起し，何らかの生き方を創造する。そうしてそれが自覚的な活動となり自己批判を成立させるところに，深い人間教育が行われる。
> 　　　　　　　　　　　　　　　　　　　　　　　　　　　　　　　（同上）

伝記教材を活用した道徳教育も同じである。学習者に感動をもたらすだけで

なく，学習者の主体的な問題意識を喚起しつつ，生き方を創造するものでなければならない。そういう視点から伝記教材が選択され読まれるべきである。西尾（1958）の提唱する道徳教育としての文学教育は文学鑑賞を土台とした解釈や批評によって展開される。個人個人の読みを出発点にしつつ，徐々に読みを深めていく学習活動である。そのプロセスは次のように示される。

　①第一次鑑賞で自分の問題意識を持つ。
　②客観的な解釈や批評によって読みを深め，最初の読みを修正していく。
　③読みがどう変わったかを確認する。

これを伝記教材「田中正造」（1980年度版小学校国語科教科書に6年生教材として採録）を例にして考えてみよう。単元「生き方を考える」（作者：来栖良夫，教育出版）の場合，教師用指導書には次のように書かれている。

　①初めにもった感想と，内容を読み取り終えた後の感想や感動の深まり，広がりを明確にさせること。②自分の考えや行動と比べて，感動したことをはっきりさせること。③現在の公害問題との関連について考えること。田中正造の信念や生き方に対し，単に「すばらしい」「りっぱだ」という心情面での理解や過去の出来事として処理してしまうことなく，田中正造の人物像を的確につかみ，時代背景を考えながら，鉱毒問題が現代にも通じる意味をもっていることに気づかせる。
　　　　　　　　　　　　　　　　　　　　　　　　　　　（教育出版，1980，p.177）

一方，単元「人物の生き方や考え方を」（作者：上笙一郎，光村図書）の場合，学習指導書には次のように書かれている。

　正造の生き方・考え方を，第三者的な立場ではなく，自分とのかかわりで読み取ることが重要である。正造の生き方はすごい。正造は偉い人だというとらえ方ではなく，もし自分ならどうするだろう。そのことについて自分はこう考えるというように，「自分の生活や意見と比べながら」読み取らせるようにしていくのである。また，自分なりに読み取ったことを根拠に「生き方や考え方」について互いの意見や主張を述べ合うことは，正造の人間像をいっそう生き生きととらえさせることに

つながる。文中の言葉や作者の表現法に気をつけながら事実に即して正しく読み取り，正造の人間像をしっかりと理解させるようにしたい。

(光村図書，1980, pp.152-153)

　このように二つの伝記教材では人物を描く際の立脚点が異なっている。教育出版の場合，田中正造の農民としての立場と鉱毒問題が強調されている。それに対し，光村図書の場合は田中正造の人間としての生き方が強調されている。いずれにせよ，これらの指導書を導きにすれば，生き方を考える道徳教育が行われる。まず，第一次鑑賞で求められるのは学習者自身の問題意識である。田中正造が鉱毒の被害を国会で訴えている場面について「みんなが苦しんでいるのに，なぜ総理大臣は認めてくれなかったのか」という疑問が生じるとしよう。この疑問は，現代の感覚から出てくる素朴な疑問かもしれない。それではなぜ「認めてくれなかったのか」が問題になる。ここから解釈が始まる。まずは言葉の表現に注意して伝記教材の文脈を読み取らなければならない。しかし，教材の字面を追うだけでは不十分である。田中正造や渡良瀬川沿岸の農民たちが置かれていた状況，総理大臣山形有朋が置かれていた状況を知るためには当時の時代背景を調べなければならない。社会科の歴史学習で学んだ「富国強兵，殖産興業」という近代化のプロセスとも関連づけなければならない。さらに鉱毒問題から公害問題，そして3・11に通じる問題は何かを考えることも必要である。現代の文明がいかに多くの犠牲の上に成り立っているかを知ることになるからである。つまり，学習者は田中正造の生き方を通して社会構造の問題を知る。そして，これでいいのだろうか，もっと別の可能性はないだろうかと問い直してみる。そのうえで，自分たちの生き方について考えたり，話し合ったりすればよい。こうして，学習者はそれぞれの読みを修正しつつ，物の見方・考え方を拡大・深化させていく。ある社会的状況における意志決定の仕方と判断の仕方を学んでいく。この点に生き方を考える道徳教育の意義がある。

5．おわりに

　生き方を考える道徳教育を充実させるために，どのような伝記教材を選択し，

学習者に提示するのが望ましいか，さらにどのような学習活動を展開するのが望ましいかは，今後さらに検討しなければならない。すでに述べたように，伝記教材は学習者に感動をもたらすだけでなく，問題意識を喚起するものでなければならない。読んで考えるに値するものでなければならない。しかし，学習者はどんな問題に関心があるのだろうか。どんな人物の伝記であれば読んで考えようとするであろうか。伝記教材の人物は先人，偉人，著名人などと呼ばれる。それらの人物を区別する基準は何か。「すごい，すばらしい」としか言いようのない人物では学習が深まらない。人物の生きていた時代や社会と，学習者が生きている時代や社会との間の隔たりが大きすぎても小さすぎても，学習者自身の生き方への問いにはつながらない。学習者の問題意識を喚起するような適切な距離が伝記教材には必要である。

　学習活動の進め方にも課題がある。確かに，国語や歴史の学習などと関連づけながら，総合単元的に発展させていくことは必要であろう。しかし，伝記教材「田中正造」の例で示したように「田中正造の生き方→鉱毒問題→公害問題→3・11問題→私（私たち）の生き方」を媒介するには，既存の学習活動を再編する労力と相当な授業時間が確保されなければならない。学習を指導する教師には伝記教材の読みの研究が必要である。歴史や社会についての深い知識も必要である。学習者が伝記教材から何を読み取っているのか，ものの見方・考え方をどのように拡大・深化させているのかを知る必要もある。そして何よりも問われるのは，教師自身の問題意識と生き方，つまり教養である。

● 引用・参考文献
貝塚茂樹・柳沼良太（編）（2014）．学校で学びたい日本の偉人　育鵬社
唐澤富太郎（1978）．道徳教育原論　協同出版
教育出版（1980）．国語6年教師用指導書
光村図書（1980）．国語6年学習指導書
文部科学省（2014）．私たちの道徳．中学校，活用のための指導資料
西尾　実（1958）．文学教育の問題点と道徳教育　日本文学協会（編）　日本文学　第7巻第3号
鶴田敦子（2014）．「私たちの道徳」を読み解く　子どもと教科書全国ネット21（編）　徹底批判‼「私たちの道徳」—道徳の教科化でゆがめられる子どもたち—　合同出版

亘理章三郎（1933）.徳目か人物か　教育研究　第405号　貝塚茂樹（監修）（2013）.文献資料集成　日本道徳教育論争史　第Ⅱ期　修身教育の改革と挫折　第7巻　修身教育の実践と国定修身教科書（第三期〜第五期）　日本図書センター

吉田熊次・海後宗臣（1935）.教育勅語渙発以後に於ける小学校修身教授の変遷　国民精神文化研究所

第10章

道徳の時間から道徳科への転換
―その目標を踏まえた評価の在り方についての論点整理―

1. はじめに

　2014（平成26）年10月21日の中央教育審議会答申「道徳に係る教育課程の改善等について」を受けて，2015（平成27）年3月27日に学校教育法施行規則の一部改正と小・中学校学習指導要領の一部改正が行われた。そこでは，道徳の時間を「特別の教科　道徳」（以下，「道徳科」と略記）」として新たに位置づけることとなった。ここで示された道徳科は道徳の時間から何を引き継ぎ，どのような改善・充実が期待されているのだろうか。また，その指導と評価において，どのような創意工夫や配慮が求められるのだろうか。

　ここでは道徳科への転換の流れを押さえつつ，その目標や評価等に係る記述を手掛かりに，道徳科における評価の在り方について考察していくための予備作業として，検討を要する課題についていくつか論点の整理を試みてみよう。

2. 道徳の時間から道徳科への転換

　道徳科が道徳の時間と比べてどのような特徴をもっているのか，一言で表すのは容易ではない。けれども，2015（平成27）年3月に文部科学省から公表された「学校教育法施行規則の一部を改正する省令案等に関するパブリックコメ

ントの結果【概要】」（以下，「パブコメ概要」と略記）やパンフレット「道徳教育の抜本的改善・充実」（以下，「パンフ」と略記）等からは，従来の「読み物道徳」から「<u>「考え，議論する」道徳科への転換</u>」という強いメッセージを受け取ることができる。「考え，議論する」道徳科とは何か。あるいは，従来の「読み物道徳」とは何か。ここで言及されている二者択一のキャッチフレーズに与することによって，物事の本質を見失うのはあまり賢明な策とは思われない。けれども，これまでの道徳の時間にどのような課題が指摘され，それを受けて道徳科においてどのような点が改正されたのかを，まず確認しておく必要がある。

（1）道徳の時間の課題例から

　パンフによれば，3点ほど道徳の時間の課題例が示されている。第1は，「「道徳の時間」は，各教科等と比べて軽視されがち」だったのではないかという指摘である。「道徳教育実施状況調査（平成24年度実施）」（文部科学省）によれば，年間の平均授業時数は，小学校は「35.7」，中学校は「35.1」，そして小学校と中学校を合計すると「35.5」という結果になっている。はたして，そのすべての時間が道徳の時間が目指すねらいや内容に沿って適切に実施されていたかどうか。そこは，児童生徒や学校の実態等によって実情は異なるという意見も聞く。

　第2は，「読み物の登場人物の心情理解のみに偏った形式的な指導」がなされてきたのではないかという指摘である。文部省（文部科学省）が指導資料を作成してきたこれまでの経緯もあって，道徳の時間ではいわゆる読み物資料を用いて指導することが広く行われ，それが定着した感すらある。週1単位時間という制約のなかで，たとえば主人公の道徳的な行為を捉えてその心のなか（気持ち）を努めて理解する（共感する）ことが道徳性の育成に繋がるという捉え方であろう。しかし，答申（中央教育審議会，2014）では，「一人一人が，生きる上で出会う様々な場面において，主体的に判断し，道徳的行為を選択し，実践することができるよう児童生徒の道徳性を育成する」ことが強く求められている。

　第3は，「発達の段階などを十分に踏まえず，児童生徒に望ましいと思われる分かりきったことを言わせたり書かせたりする授業」になっていたのではな

いかという指摘である。「よいと思うことを進んで行うこと」、「相手のことを思いやり、進んで親切にすること」、「法やきまりの意義を理解した上でそれらを進んで守ること」、「かけがえのない生命を尊重すること」など、確かに児童生徒にとってはある意味で自明のことである。それぞれの道徳的価値について、暗黙の社会規範としてただ受容・確認させるだけならば、授業することの存在意義が問われる。この授業でどのような新しい"知"が得られたのか、と。

(2) 道徳科の転換に係る具体的なポイント

こうしたことを踏まえ、道徳教育の抜本的な改善・充実を図ろうと、道徳科が教育課程の上に位置づけられることとなった。では、どう変わるのか。道徳科に係る具体的なポイントは、パンフによれば次の諸点である。

第1に、「道徳科に検定教科書を導入」すること。第2に、「内容について、いじめの問題への対応の充実や発達の段階をより一層踏まえた体系的なものに改善」すること。第3に、「問題解決的な学習や体験的な学習などを取り入れ、指導方法を工夫」すること。第4に、「数値評価ではなく、児童生徒の道徳性に係る成長の様子を把握」すること。

全体的には、これまでの道徳教育における基本的な考え方が否定されているわけではない。けれども、今回の制度上の大きな変更点が、検定教科書の導入である。これまでの道徳授業のよさを生かしつつ、「問題解決的な学習や体験的な学習」など指導方法の工夫を通してシフトチェンジを図ろうとすることをその文脈に置いてみると、垣間見えてくる部分がある。たしかに、教科書を所与のものとして受け取り、ただその内容を淡々と"teach"するだけならば、それはこれまでの課題を解決したことにはならない。かえって「道徳教育が目指す方向の対極にあるもの」（中央教育審議会，2014）になりかねない。今回は、いじめの問題への対応をはじめ、現実の困難な問題に主体的に対処することのできる実効性のある力を育成する（中央教育審議会，2014）ことが強く求められている。

さて、こうした大きな変革のなかで教育の実践に携わる側からは、教科書はどのようなものになるのか、指導方法はどのようにすればよいのかなど、学習指導要領一部改正に係る問いがいくつも聞こえてきそうだ。その一つひとつを

俎上に載せる紙幅はないけれども，筆者が聞き及ぶ範囲では，最も関心のある問いの一つが「道徳科の評価はどのように行えばよいのか」ということであろう。この問いに答えるために，ここではできるだけ実践者の抱える課題意識からアプローチしてみたい。とは言え，少しばかり迂回路を辿るようになるが，次節では学習指導要領等における関係箇所の記述を手掛かりに道徳科の目標構造をまずは押さえておきたい。そこでのねらいや指導の観点を踏まえて，第4節で「道徳教育に係る評価の在り方に関する専門家会議」における配布資料等から，具体的事例をもとに道徳科の評価に係る論点を整理してみよう。

3．道徳科の目標を手掛かりに―目標概念の基本的構造―

さて，小・中学校学習指導要領における「第3章 特別の教科 道徳」の目標部分は大幅に改められ，今回次のように示された。

> 第1章総則の第1の2に示す道徳教育の目標に基づき，よりよく生きるための基盤となる道徳性を養うため，①道徳的諸価値についての理解を基に，②自己を見つめ，物事を（中：広い視野から）多面的・多角的に考え，（小：自己）（中：人間として）の生き方についての考えを深める学習を通して，③道徳的な判断力，心情，実践意欲と態度を育てる。
> 〔下線部及び①，②，③の区分は筆者〕

はじめの「第1章総則の第1の2に示す道徳教育の目標に基づき，よりよく生きるための基盤となる道徳性を養うため」とする箇所は，基本的にはこれまでと同様に道徳教育の目標をそのまま受けている。答申（中央教育審議会，2014）では，「教育活動全体を通じて行う道徳教育においては，各教科の特質に応じ，その関連の中で道徳的諸価値について扱う」ことになっているが，その一方道徳科においては「道徳的諸価値を正面から取り上げて扱」うこととしている。

そのことを踏まえつつ，「道徳性の育成に向けて重視すべきより具体的な資質・能力とは何かを明確化し，発達の段階を踏まえて計画的な指導を充実する観点から」（中央教育審議会，2014），今回新たに規定されたというわけである。

①，②，③にしたがって，筆者なりにその目標概念の基本的構造をまとめておこう。まず①では，道徳科において道徳的諸価値が正面から取り上げて扱う「学習対象」であることを明記し，②では，道徳科の授業として「学習活動」を進めていく上で特に留意すべき諸側面を示していると捉えられる。ただし，ここに示された諸側面は"一連の学習過程"として形式的ないし固定的に捉えられるものではない。そして①・②を受けて③では，道徳科において重視すべき具体的な「資質・能力」という点から，道徳性を構成する諸様相である道徳的判断力，道徳的心情，道徳的実践意欲と態度を育てるという構造になっていると考えられる。（「小学校学習指導要領解説　特別の教科　道徳編」（2015）及び「中学校学習指導要領解説　特別の教科　道徳編」（2015）参照，以下それぞれ「27小解説」及び「27中解説」と略記）。

　こうした背景を考えるには，中教審道徳教育専門部会（第5回）で示された資料5「育成すべき資質・能力を踏まえた教育目標・内容と評価の在り方に関する検討会―論点整理―【主なポイント】」（2014）や資料6「求められる資質・能力の枠組み試案」（国立教育政策研究所，2013）などが参考になる。

求められる資質・能力の枠組み試案

21世紀型能力：「生きる力」としての知・徳・体を構成する資質・能力から，教科・領域横断的に学習することが求められる能力を資質・能力として抽出し，これまで日本の学校教育が培ってきた資質・能力を踏まえつつ，それらを「基礎」「思考」「実践」の観点で再構成した日本型資質・能力の枠組みである。

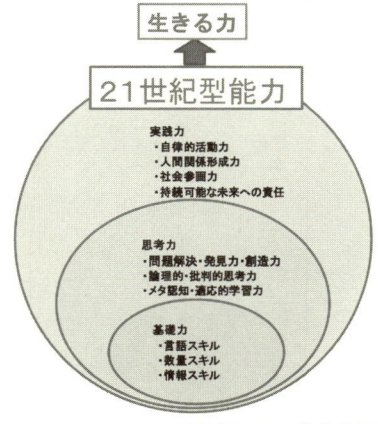

生きる力

21世紀型能力

実践力
・自律的活動力
・人間関係形成力
・社会参画力
・持続可能な未来への責任

思考力
・問題解決・発見力・創造力
・論理的・批判的思考力
・メタ認知・適応的学習力

基礎力
・言語スキル
・数量スキル
・情報スキル

①思考力を中核とし，それを支える②基礎力と，使い方を方向づける③実践力の三層構造

1) 実践力が21世紀型能力，引いては生きる力に繋がることを示すために，円の最上に位置づけ
2) 3つの資質・能力を分離・段階的に捉えず，重層的に捉えるため，3つの円を重ねて表示（例：基礎力は思考力の支えとなるが，思考力育成に伴って基礎力が育成されることもある）
3) いかなる授業でも3つの資質・能力を意識して行うために，3つの円を重ねて表示

各能力の下位要素については，さらに検討を進めている

◆図10-1　求められる資質・能力の枠組み試案

とりわけ，資料6で示された「21世紀型能力」が興味深い（図10-1参照）。

それは，「基礎」「思考」「実践」の観点で再構成した日本型資質・能力の枠組みとして「①思考力を中核とし，それを支える②基礎力と，使い方を方向づける③実践力の三層構造」によって説明されている。もっとも，改正された学校教育法第30条第2項の規定もあり，目標部分の記述にはこうした諸点が直接的にせよ間接的にせよ反映されているとも考えられる。

ただ，こうした「21世紀型能力」モデルについては，安彦によると，「人格」の観点が欠けていて，資質を含むすべてを「能力（学力）」のなかに含めてしまっていると指摘している（安彦，2014）。即ち，彼はカント的な人格概念を基に，「人格」を「主体・目的」として，「能力」「学力」を客体・手段として位置づけ，「いくら手段を優れたものにしても，それを使う主体・人格が優れていなければ，社会的には正しく生かされない」と主張している（同上）。

ところで，周知のように，現行学習指導要領の下では，児童生徒の一人ひとりの学習の確実な定着等を図るため目標に照らしてその実現状況を評価する，「目標に準拠した評価」が実施されている。「関心・意欲・態度」，「思考・判断・表現」，「技能」及び「知識・理解」など，各教科等（特別活動を含む）の特性に応じて各学校が適切に評価の観点を設定することとなっている。

一方，児童生徒の道徳性の理解と評価に当たっては，指導との関係から，これまで道徳的心情，道徳的判断力，道徳的実践意欲と態度及び道徳的習慣などの評価の観点が明示されてきた（「小学校学習指導要領解説　道徳編」（2008）及び「中学校学習指導要領解説　道徳編」（2008）参照）。道徳の時間の指導においても，慎重かつ見通しをもって取り組む必要があるものの，その学習状況を適切に把握するために，実践場面では広く評価の観点は設定されてきたと考えられる。

安彦の議論も含めこうした事情を踏まえれば，学校における道徳教育において何をどこまで育成するのか，道徳科の指導において道徳性をどう見るのか，そのなかで重視すべき「資質・能力」をどう見るのか等によって，授業や評価の具体的な方向性が規定されたり，多様な展開が工夫されたりすることになる。

4．道徳科における評価の記述を手掛かりに

(1) 道徳科における評価についての基本的な方向性

さて，道徳科における評価については，小・中学校学習指導要領では，「第3章　特別の教科　道徳」の「第3　指導計画の作成と内容の取扱い」の4に，次のように示されている。

> （小：児童）（中：生徒）の学習状況や道徳性に係る成長の様子を継続的に把握し，指導に生かすよう努める必要がある。ただし，数値などによる評価は行わないものとする。　〔下線は筆者〕

これらの記述は，道徳教育の評価について「目標を踏まえ，指導のねらいや内容に照らして，児童生徒一人ひとりのよさを伸ばし，道徳性に係る成長を促すための適切な評価を行うこと」，また指導要録について「その目標に照らして学習状況や成長の様子などを文章で記述するための専用の記録欄を設けること」などの内容（中央教育審議会，2014）を受けてのものであることがわかる。

ところが，一連の「学校教育法施行規則の一部を改正する省令案等」に関して3月5日までに寄せられたパブリックコメントを受けて，文部科学省は3月時点で「パブコメ概要」に次のような評価の基本的な方向性を示している。

> ・数値による評価ではなく，記述式であること
> ・他の児童生徒との比較による相対評価ではなく，児童生徒がいかに成長したかを積極的に受け止め，励ます個人内評価として行うこと
> ・他の児童生徒と比較して優劣を決めるような評価はなじまないことに留意する必要があること
> ・個々の内容項目ごとではなく，大くくりなまとまりを踏まえた評価を行うこと
> ・発達障害等の児童生徒についての配慮すべき観点等を学校や教員間で共有すること
> ・現在の指導要録の書式の在り方を総合的に見直すこと

2015年度に，以上のことを前提とした専門的な検討を，専門家による会議を設けて行うこととしており，文部科学省の評価についての慎重さを伺い知るこ

とができる。ちなみに、『27小解説』「27中解説」においても現段階ではこの方向を基本的に踏襲しており、これ以上踏み込んだ記述は見当たらない。

(2) 道徳科における評価の進め方とその検討課題

1)「記述による把握の例」等から

では、道徳科において、指導との一体化を図りつつ、どのように評価を具体的に進めていくか（端的に言えば、どのように記録欄に記述するのか）ということが、当面の実践的な課題となってくる。（したがって、ここでは相補的な関係にあるものの、「道徳科の学習指導過程に関する評価」ではなく、「道徳科に関する評価」を主として取り上げることとする。）

そこで、まず資料3「道徳教育における評価の現状について」（道徳教育に係る評価の在り方に関する専門家会議（第2回）配布資料、2015）に注目してみよう。そこには、「記述による把握の例（道徳の時間の評価）」が以下のように順序立てて示されている（一部抜粋）（図10-2参照）。

これは一応道徳の時間の評価として例示されたもののようだ。ともあれ、これまでの捉え方からすれば、道徳科の評価のたたき台となるものと考えられる。

もっとも、道徳教育関連の雑誌では既に「保存版！　道徳の通知表文例集」と銘打った特集も組まれている。参考までに文例のみを一部抜粋しておこう（表10-1参照）。

こうした通知表の記載例や文例を示すことで、その是非はともかく道徳科の評価を考えていく上で具体的なイメージが膨らんでくるのではなかろうか。それとともに、教育実践の上で共通に検討すべき課題も浮かび上がってくる。

2）道徳科における評価を進める上での検討課題

道徳科の評価に係る記述内容は、基本的には目標や内容等を踏まえた実際の学習指導によって規定されてこようが、その際どんなことが検討整理される必要があるのだろうか。以下は何人かの教育実践者からの聞き取りを踏まえての筆者なりの整理とそこからの"思考実験"の一部である。

第1は、指導要録の書式がどのように規定されるかということである。少なくとも、道徳性の育成という観点に立てば、「行動の記録」及び「総合所見及び指導上参考となる諸事項」と、新たに設けられるであろう道徳科の専用の記

第10章　道徳の時間から道徳科への転換

- ○　道徳の時間の最後に、授業を通じて考えたことや感じたことなどを記述する時間を設ける。
- ○　毎時間の振り返りシートをつづっていき、年度末にそれらを読み返して、道徳の授業全体についての振り返りをする（「振り返りシート」略）。

▼

- ○　毎時間振り返りを行い蓄積していくことで、より正確な実態の把握ができる。
- ○　生徒も自分の成長を確認することができる。
- ○　なお、教員は、授業の様子や振り返りシートをつづったものをもとに、道徳科での学び及び生徒の道徳性に係る成長の様子などを積極的に励ますという点に着目して、文章で通知表に記載。

【通知表への記載例】

> 積極的に挙手をして発言してくれました。また、道徳科の授業が楽しいと感じています。
> 「カーテンの向こう」を教材として使った授業がとても心に残っているようです。物語中に出て来る人物の優しさを感じたりと同時に、苦労なども感じたりしたようです。この授業を通じて人間の心の機微が少しずつですが、理解できるようになったのではないでしょうか。

◆図10-2　記述による把握の例（道徳の時間の評価）

◆表10-1　道徳の通知表文例（明治図書，2015より一部抜粋）

- ・「自分の家で飼っている子犬が生まれたときの気持ちを思い出し、今自分が生きていることを感じながら、命が大切だという気持ちを高め生活することができた」（低学年）（p.21，坂口一成）
- ・「正しいと思ってもなかなかできない自分と真剣に向き合って、正しいことを勇気をもって行う大切さに気づくことができました」（中学年）（p.27，和井内良樹）
- ・「「寛容・謙虚」の学習では、自分をまっすぐに見ることで自己の不完全さに気づき、他者のよさに目を向けていこうとする様子が見られた」（高学年）（p.37，北川忠）
- ・「読み物資料「銀色のシャープペンシル」をもとに「正義を重んじる心」について考えた授業では、主人公と自分を照らし合わせながらグループで真剣に討論する姿が見られました。こういった姿勢を大切にし、自分の弱い心に打ち克つ努力を続けて欲しいと思います」（中学校）（p.55，盛永美樹）

録欄との棲み分けが課題となる。ここで学校で行われる道徳教育全体の捉え方を説明することは控えるが、道徳科の評価と言えば、当面その単位時間に行われた学習活動の集積としての評価であると考えたい。なぜ指導要録の書式を問題にするのかは、言うまでもなくその書式が通知表の書式を一定度方向づけることになると考えられるからである。指導要録に示されるであろう道徳科の記録欄が各学校の通知表等においてどのように反映されるか否かが、いずれまた問われることになる。

第2は，指導要録又は通知表に道徳科の記録欄が設けられた場合，記述内容はどこから導き出せるのかという，ある意味で"核心的"な問いである。なぜなら，現在の教育環境を踏まえれば，保護者からどうしてこのような評価になったのか説明を求められることも考えられるからである。ちなみに「児童生徒の学習評価の在り方について（報告）」（教育課程部会，2010）によれば，「学校や教師は，評価の実施者として，個々の児童生徒の学習評価に関する<u>妥当性，信頼性</u>等を高め<u>説明責任</u>を果たす」ことが求められている。おそらく道徳科の評価においても例外ではないであろう。

　このことを念頭に置きつつ，たとえば先述の記載例や文例を児童生徒の学習状況や道徳性に係る成長の様子だと仮定して考えてみよう。その際，教師にはどのようなベクトルが働くのか。授業を遂行している教師の個々の子どもに対する印象論だけでは必ずしも説得力を得られない可能性がある。そこでエビデンス（evidence：証拠・根拠）が求められることになる。では，授業におけるエビデンスとは何か。すぐに思いつくのは，児童生徒が表出した具体物だ。ノートやワークシートの記述，質問紙などであろうか。

　そうなると，また次から次へと新たな問いが待ち構えている。たとえば，ノートやワークシートの記述から，児童生徒の学習状況等の把握が十分にできるのか。ノートやワークシートに書かれたことがそのまま道徳性の成長を示すものなのか。厳密に言えば，真意として示されたものか，意図的に「良い子」を演じて示されたものか，判断はむずかしい。また，道徳的言明ではなくとも真意であるならば，それは別の意味で道徳的なのか……等々。教師の経験知によれば，実際に道徳的実践をしっかり行う児童生徒が，道徳の授業において記述を得意としない場合，どう評価すればよいのかという問いも浮上してくる。

　一方，学習活動の展開という点からは児童生徒の「書く活動」に重点が置かれる可能性を否定できない。言語活動の充実に資するという点はある。けれども，「書く活動」の前提に「教科書を使用する（読む，理解する）」ことが必要となる。この循環が中心になれば「考え，議論する」場をどこに置き，その内容をどのように評価するのかという課題も出てくる。学習活動のなかで児童生徒の自己評価や他者評価ばかりに寄り掛かると，妥当性や信頼性の問題も残る。

　さらに，学習指導過程と評価の関係から行けば，ノートやワークシートの記

述は指導のねらいに対応しているのか。そこでの児童生徒の見取りの観点はどのように設定されているのか。ちなみに，資料8「道徳科における評価について」（道徳教育に係る評価の在り方に関する専門家会議（第2回）配付資料，2015）の一覧表によれば，可視できるかどうかという点から「道徳的心情（×），道徳的判断力（△），道徳的実践意欲と態度（△）」と示されている。結局，教師は道徳科において児童生徒の何をどこまで見取れるものなのだろうか。

　翻って，保護者ばかりでなく，児童生徒から道徳科の記録欄について説明を求められることも否定できない。道徳性（人間性）に係わる事項だけに，思春期を迎えているか否かは別として児童生徒から，学級担任に対して記述内容について"不服申し立て"があるかもしれない。そこでは，やはり評価する側と評価される側との信頼関係が求められる。また，振り出しに戻ることになる。

　第3は，記録欄における文章表現の問題である。実践的には些末な問題として顧みられないかもしれないが，原理的な問題も含んでいる。道徳的言明について考えてみると，厳密な意味でたとえば「A君は思いやりがある」「Bさんは正直である」というふうに記述できるのだろうか。また，このような記述の真偽は確かめられるのだろうか。この文脈からすれば，周知のように「道徳的区別は理性から引き出せない」とする「ヒュームの法則」や，ムーア（Moore, G. E.）が呼んだ「自然主義的誤謬」（Naturalistic Fallacy）の概念も想起される。かと言って，道徳的言明は「道徳的心情を表現しているにすぎないから，…（中略）…明らかに意味がない」（Ayer／吉田，1955）と言い切れるだろうか。あるいは「～と考えられる」「～と思われる」という表現を付加して，教師自身の判断や希望（感情）を表明するのだろうか。

　少し話が飛躍し過ぎたようだ。厳密に，道徳的言明の不確かさを完全に払拭することはむずかしいかもしれないが，要はそれをどのような教育的文脈で受け止め，どのような教育的作用や効果を期待して伝えるかということなのであろう。これらのことは，記録欄において「学習状況」の記述可能性及び「道徳性の成長の様子」の記述可能性の問いへと引き継がれることになる。

5．おわりに──道徳科の指導と評価の改善・充実を図るために──

　こうして今後の道徳科における目標を踏まえた評価について，断片的ではあるが現段階で検討すべき論点の整理と"思考実験"を試みてみた。そこには検討すべき課題も少なからずありそうだ。けれども，筆者はこのことを必ずしも悲観的に捉えているわけではない。

　道徳科の評価と正面から向き合い，一つひとつにわたって考察を深めれば深めるほど，あらためて道徳性とは何なのか，教育評価とは何のために行うのか，そもそも教育とは何なのかという原理的問いへと遡行することになる。それは避けて通ることはできない。一方，別の文脈からではあるが，教育的営為の世界では，「子どものため」という「善きもの」としての性格があるゆえに，教育活動においてはさまざまなリスクが見えなくなってしまうという手厳しい指摘もある（内田，2015）。それは道徳教育においても例外ではない。

　あらためて道徳教育が持つ特有の磁場において，一人ひとり教育に携わる者が道徳科における指導と評価の可能性と限界を見据え，主体的に辛抱強く問い続け問い返していくなかで，新しい地平が切り拓かれるのではないだろうか。教育実践者が思考停止して，ただマニュアルにしたがうのでは何も生まれない。児童生徒が自己や人間としての生き方について考えを深め，次代を生きる道標（みちしるべ）が得られるような指導と評価の充実を期待したい。

（第10章における下線・傍点等は筆者）

● 引用・参考文献

Ayer, A. J.／吉田夏彦（訳）(1955). 言語・真理・論理　岩波現代叢書
中央教育審議会教育課程部会 (2010). 児童生徒の学習評価の在り方について　（報告）
中央教育審議会 (2014). 道徳に係る教育課程の改善等について（答申）
Hume, D.／伊勢俊彦他（訳）(2012). 人間本性論　第三巻　道徳について　法政大学出版局
国立教育政策研究所教育課程研究センター (2010). 評価規準の作成のための参考資料（案）（小学校）
国立教育政策研究所 (2013). 求められる資質・能力の枠組み試案
明治図書 (2015). 道徳教育　2月号 No.680

文部科学省（2008）.小学校学習指導要領解説　道徳編　東洋館出版社
文部科学省（2008）.中学校学習指導要領解説　道徳編　日本文教出版
文部科学省（2013）.道徳教育実施状況調査（平成24年度実施）結果の概要
文部科学省（2014）.育成すべき資質・能力を踏まえた教育目標・内容と評価の在り方に関する検討会─論点整理─【主なポイント】
文部科学省（2015）.中学校学習指導要領解説　特別の教科　道徳編
文部科学省（2015）.道徳科における評価について
文部科学省（2015）.道徳教育における評価の現状について
文部科学省（2015）.学校教育法施行規則の一部を改正する省令案等に関するパブリックコメントの結果【概要】
文部科学省（2015）.パンフレット　道徳教育の抜本的改善・充実
文部科学省（2015）.小学校学習指導要領解説　特別の教科　道徳編
Moore, G. E.／深谷昭三（訳）（1973）.倫理学原理〔新版〕　三和書房
谷田増幸（2015）.「特別の教科　道徳」における指導と評価の在り方　教育展望　12月号第61巻，第11号
谷田増幸（2015）.「特別の教科　道徳」の特質　文部科学省教育課程課編　中等教育資料　平成27年6月号　学事出版　No.949
内田　良（2015）.教育という病─子どもと先生を苦しめる「教育リスク」─　光文社新書
安彦忠彦（2014）.「コンピテンシー・ベース」を超える授業づくり　図書文化社

第11章

小中学校における道徳授業の多様な展開

１．はじめに─道徳授業に期待されること─

　こんにち進行するグローバル化の下で，多くの国が事実としての多様性に直面しながら，それぞれの歴史・文化を背景とする自身のアイデンティティとの整合を図るために腐心している。日本では，EU統合，多くの移民の存在といった課題を抱えるヨーロッパ諸国とは事情が異なるため，とかく同一の伝統を有する文化的共同体という思い込みのなかで目の前の多様性が見過ごされがちである。しかしながら，子ども自身がその多様性を構成する「個」であり，教室にはすでに複数の価値が共存していると考えれば，道徳教育には個々の内容（道徳的価値）のみならず，それらを共存させている理念，価値を意識させる教育としての意味づけも加わることになる。ただし，これが現実世界で普遍的価値としての地位を得られるという保証はない。今日の多文化化の状況においては，自身の価値観と他者の価値観の相違をあらためて意識し，自身のアイデンティティを確認すると同時に他者の価値観やアイデンティティを尊重することの意義を重視する考え方もある。むしろ，両者の関係をどのように授業のなかに生かしていくかが問われているのである。

　また，道徳の時間は生活指導と異なり個別問題の直接的解決や抑止を狙うものではないと言われてきた。しかし，教育再生実行会議の第一次提言「いじめ

の問題等への対応について」（2013年2月26日）に道徳の教科化が盛り込まれていたことを考えれば，今後の道徳科は「いじめ」問題との関係でその意義を問われることも予想される。むろん，従来の道徳授業にも，これらの期待に応えうる可能性が認められたことは事実である。たとえば，子どもの共感性を養うことを通して他者の心情を理解する力を育てるとともに，自分自身のなかにもある同様の思いや訴えの声に気づくようにするということである。また，読み物資料を用いた学習において，ある行為を道徳的原則に照らして「いけない」「許されるべきでない」と判断し，勇気をもって対抗する主人公を範例とすることも有効であろう。しかし，従来の方法では押さえきれない部分もあったのではないか。これらの点で，新たな指導方法の工夫に期待したい。

　本章では，以上のような問題意識をもちながら，半世紀を優に超えて行われてきたという点で日本の学校教育の財産とも言える道徳授業の方法としての「基本型」をとりあげ，その意義とこれに対する批判の論点，さらにこれらの批判を背景として提唱されてきたさまざまな道徳授業論を概観する。

2．従来型道徳授業に対する批判の論点

(1)「基本型」の意義

　道徳の時間の「基本型」確立については，文部省が1964年から順次刊行し学校に配布した『道徳の指導資料』が大きな役割を果たした。その後いわゆる読み物資料を用いながら「道徳的価値」に関する指導をねらいとした授業方法が定着していったのである。「道徳的価値の一般化」，「道徳資料の類型」等の説が唱えられ，これらを踏まえることを「基本」とする道徳授業のイメージが普及するとともに，その枠組みのなかでさまざまな指導方法が工夫・導入された。このようにして広まった道徳授業に共通するスタイルが「基本型」と呼ばれ，現在に至っているのである。「基本型」に明確な定義があるわけではないが，学校の教育活動として定着していくなかで，たとえば以下の点は道徳の時間の特質として理解されるようになったと思われる。

　第1に，導入・展開・終末からなる指導過程である。45分ないし50分の時間枠で1主題を扱う授業として考えられたために，外形的には教科の授業と同様

に「導入・展開・終末」という指導過程が適用された。1単位時間における段階的指導過程は，単元的発想をする教科以上に明確に見て取ることができる。

　第2に，発問による授業構成である。道徳授業では，指導過程の各段階における発問の意図が際だっている。換言すれば，導入・展開・終末という各段階の意義（ねらい）が明確に存在しているということである。そのなかで，展開段階においてどのような活動を惹起しようとするかにより，発問が類型化され，ひいては授業が類型化される。

　第3に，生活化（実践化）志向である。授業という形態をとりつつも，道徳の時間の指導は認識レベルでの学習のみで完結せず，子どもの生活場面において実践に移されることが期待される。すなわち，「価値と生活の結合」への志向である。ただ，その後の普及の過程では，枠組みとしての指導過程が先行し，その枠内での方法の工夫に重点が置かれてきた。結果として，道徳の時間に対する評価は実践化に関する期待のレベルとのギャップの部分からなされることが多く，後述するようにその実効性が問われることになったとも言える。

(2)「道徳的価値」のとらえ方に関する批判

　人間は行為の主体であると同時に，自らを対象化することができる。自己が自己に向き合っている「対自」的行為において，自己の在り方を考える。しかし，このような自己省察はその視点が自分自身のうちにあるという性格から，その徹底が困難である。むしろ，自己とは独立した人格（他者）に接するとき，すなわち「対他」的行為において，自己の在り方について知らされることが多い。さらにこうした省察は，一個の人格を超えたもの（社会，自然，超越的存在）とのかかわりのなかで，さらに深められるだろう。

　小・中学校学習指導要領における道徳の内容項目を構成する「四つの視点」は，上記の視点に人間社会（家庭，学校，地域，国家，国際社会）の広がりに応じた連帯性という視点を加味して設定されているように見える。

　主として何にかかわっての良さかということが，人間の在り方，生き方として表現できる。それが内容項目である。それらの多くは，たとえば「勇気」「親切」といった言葉によって表現される，われわれの社会で道徳的価値を認められる行為の標識と深い関わりを持っている。実際，「勇気」や「親切」を

「道徳的価値」と呼ぶ立場もある
　また，道徳の内容項目を「身に付けるべき人格的資質」を列挙したものと考えれば，そこには徳倫理学の発想を見てとることができる。つまり個々の徳は，何か一つの価値へと還元できない仕方で価値をもっていると考えるため，さまざまな徳を単純に体系化・構造化することはしないのである。道徳の内容項目のなかには「親切」，「友情」，「公徳心」といったさまざまなキーワードが出てくる。これらを「道徳的価値」として個別化して取り上げていく。諸価値の序列づけはあたかも人間の顔が千差万別であるように一人ひとり皆異なっているのであるが，それにもかかわらず，個々の価値は普遍的なものであるがゆえに，道徳の時間では個々の価値を指導内容としてしっかりと受けとめさせていくことにより道徳性の育成が図られる（金井，1996）とする立場がある。
　道徳の内容に四つの視点が設定されたのは，1989（平成元）年の学習指導要領の改訂である。それまで網羅的・並列的だった内容項目が分類整理（再構成）されて内容の重点化が図られ，今日までその基本的な枠組みは維持されているが，価値の「体系化」また「序列化」につながるような表現は慎重に避けられてきた。価値を体系化あるいは序列化しないことが日本の道徳教育を抑制的なものにしているのであるが，これについては評価の分かれるところでもある。

（3）道徳授業にはリアリティがないという批判

　前記の批判と深く関わるのが，この指摘である。読み物資料を用いた座学としての道徳学習の限界についての指摘と言えるだろう。言葉を換えて言えば，道徳授業には社会における道徳との整合性という観点からも妥当性が求められるということである。
　道徳授業は社会に開かれていることが重要である。道徳は「社会的状況における意志決定」であると言われる。その社会的状況は複雑であり，資料中の登場人物はたとえば「車椅子に乗った人」という見方で捉えきれるものではない。相手にも事情があり，意志がある。これを考慮しない徳目の学習は現実の力によってはね返され，あるいは善意の押しつけとなる。やはり実践力の育成につながる道徳的価値の深まりは期待できないということである。

(4) 実践力が育っていないという批判

「力」は内面的資質である。つねに外に表れているわけではないが、必要な状況下で発揮されるものである。道徳的実践力とは、「人間としてよりよく生きていく力であり、一人ひとりの児童（生徒）が道徳的価値の自覚及び自己の生き方についての考えを深め、将来出会うであろう様々な場面、状況においても、道徳的価値を実現するための適切な行為を主体的に選択し、実践することができるような内面的資質」を意味すると説明されてきた。そうだとすれば、個々の行為を命令あるいは禁止してこれを伝えることが道徳の時間の意義ではない。むしろ主体的に選択、実践できることができるようにすることを目指して、子どもの道徳的心情を豊かにし、道徳的判断力を高め、道徳的実践意欲と態度を向上させようとするのである。なお、道徳的心情、道徳的判断力、道徳的実践意欲と態度は「道徳性」を構成する主要な様相である。したがって、「道徳的実践力」と「道徳性」とは別物ではない。「道徳的実践力」は「道徳性の実践的側面」ないし「実践可能性という視点から見た道徳性」のことである。ところが、実際の指導においては、直接的な行動の指導を避けるあまり、人物の心情理解に焦点を当てた指導が多くなり、「心情主義」との批判を招くこともあった。価値についての理解を柱としつつ、それだけに終わらない実践力を養う授業が求められるようになってきたのである。

次節では、このような問題意識を背景として提唱されてきたさまざまな道徳授業論を取り上げていく。

3. さまざまな道徳授業

(1) 価値明確化

「価値の明確化」は、1970年代から80年代にかけてアメリカの道徳教育において影響力をもった。価値の多様化とそれに起因する相対主義的風潮の進行に対して、従来の価値を再確認する（教える）ことによって統制するのではなく、むしろそれぞれの子どもが自分の「価値」を獲得するのを支援するという方向で考え出された手法である。

この授業論の強調点は、「価値の明確化」が「自己の明確化」にほかならな

いうことである（諸富，1997）。人間が自己実現を図る上で必要なのは，自分がどのような生き方をしたいのか，また何を大切にしているのかに気づいていることであり，「価値の明確化」はこの気づきを支援しようとする。このように，価値明確化理論における「価値」とは「個人が大切にしているものやこと」である。体験的プロセスを重視し，相対主義の積極的側面を踏まえつつ，その上で各人が「自分にとっての絶対」を求めていくという意味である。

「価値の明確化」方式の授業には，読み物資料のほかエンカウンターのエクササイズなども取り入れられるが，多くは「価値のシート」といわれるワークシートを使って，じっくり自分自身を見つめさせ，次に小グループでの話し合いを軸に授業を展開していくスタイルである。その際，以下の6段階を経るのが基本パターンとなる。

①導入として，写真，絵，統計的資料，読みものなどの資料を提示し，子どもの思考を刺激する。
②一人でじっくりと「価値のシート」に取り組ませる。たとえば「これからの自分に大切なこと」や「自分が幸せを感じるとき」などテーマとして，自由に記述したり，あらかじめ示されたキーワードに順位付けをしたりする。
③小グループでの「聴き合い」のなかで，それぞれの考えを認め合い理解し合う。グループでの結論は出さずに，それぞれの選択した価値を認め合わせる。
④小グループで出た意見を暮らす全体で共有する（シェアリング）。多様な考えに直面させることで，思考を刺激し，視点の幅を広げる。
⑤もう一度，一人でじっくりと「価値のシート」に取り組ませる。これにより，自分の選んだ価値と，それを選んだ理由を改めて自己吟味させる。
⑥終末の活動として，授業で「気づいたこと」「感じたこと」「学んだこと」などを「振り返りシート」に記入させる。

このような体験型の授業では，シェアリングによって，そこで体験したことと学んだことの意味についてじっくり振り返る時間をもつことが，日常生活で

の定着につながりやすいとされている。

　このようなアプローチは，国内の多文化共生という目的のために，諸宗教に対する偏見を正して相互理解を促進するための宗教教育のアプローチとも類似するところがある。たとえば，イギリスにおける宗教教育に関して，単に知識を身につけるだけでなく，異なる信仰をもつ生徒同士が「学び合う」場を授業で提供することであるとし，「宗教から学ぶ」こと（learning from religion）の意義をとらえ直そうとする試みがある（藤原，2011）。

(2) モラルジレンマ授業

　コールバーグ（Kohlberg, L.）は，文化を超えて保持されている普遍的な道徳原理が存在すると考え，正しさは論理的包括性，普遍性，一貫性に訴えて，自ら選択した原理に一致する良心の決定によって規定されるとし，その普遍的原理の獲得の度合いによって判断のレベルが決まると主張した。その後，発達段階評定において使用したジレンマ物語を教材として道徳的ディスカッションを行うというスタイル（モラル・ジレンマ的アプローチ）が開発され，道徳的葛藤とその均衡化の過程を経て個人の道徳性を向上させることが目指された。そしてこのようなアプローチは，当時のアメリカにおける道徳教育の課題であった価値の相対化に対抗するものとして期待を集めたのである。

　モラルジレンマ授業のねらいは，子どもの道徳性をより高い水準に発達させることにある。そのために，授業は以下の四つの段階を踏みながら，モラルジレンマ資料について話し合い，論点を明確にしながら自身の考えを練り上げていくものとなっている（荒木，2005）。

> ①モラルジレンマの共通理解を図る：資料の「立ち止まり読み」によって主人公の置かれた状況を丁寧に読み取り，道徳的葛藤を明確につかむ。
> ②自己の考えの明確化を図る：葛藤場面で主人公はどうすべきだったのかについて判断し，その理由を書く（第1次判断理由づけ）。
> ③モラルディスカッションを行う：いろいろな立場からの理由づけに対して相互に意見を述べ合い，意見の対立点や一致点を明確にした上で，明らかになった論点についての討論を深めることを目指す。

④第2次判断理由づけをする：葛藤場面で主人公はどうすべきだったのかについて再度判断し，最も納得のいく理由を書く。

　授業の中心となるモラルディスカッションが有効なものとなるためには，以下の点について配慮する必要があるとされる。すなわち，他者の立場に立って考えるという役割取得の機会を位置づけること，道徳性の発達から見て1段階上の考えに触れられるようにすること，行動が引き起こす結果が他者に及ぼす影響を推論することである。
　モラルジレンマ授業については，価値の対立・葛藤する状況を前提とし，対立する意見をまとめないこと（すなわちオープンエンド）を原則としているため，道徳の内容項目との関係において考えを一つにまとめたり，教師が説話を行ったりすることはない。ただ，コールバーグ理論の検証に用いられた「ハインツのジレンマ」に代表される物語のように，すでに行われた行為に対して，いわば事後的に自らが採用した原則に照らして判断させるというスタイルだけでなく，主人公がまさにどうすべきか迷ってしまった，という状況を提示する教材も多く開発されており，その場合は問題解決的な思考の働く側面が増えつつあるとも言える。

(3) コミュニケーション・ルールの学習
　コールバーグの研究と関連を保ちながら，ハーバーマス（Habermas, J.）の討議倫理学を援用し，道徳授業において合意形成を通して集団の規範が変化していく点を強調する立場（渡邉，2013ほか）があり，実践が積み重ねられている（第2巻，第3巻所収の諸論文を参照）。ハーバーマスは，何らかの規範が定められる場合に，その規範が妥当なものとして受け入れられものとなるための条件を問題としている。すなわちその規範の影響を受けるかもしれないすべての人が合理的な討議の参加者として合意できるような規範のみが妥当なものだと考えるのである。
　このような考え方にもとづく授業とはどのようなものなのか。そこではジレンマ資料を用いつつもオープンエンドにこだわらず，むしろ全員が納得できる根拠をもった考えを作り出すことに子どもの意識は向かう。これは，ルールの

作成（「自分たちにとっての正義とは何か」の追求）を目指し，実際にそのようなルールに従った場合に生じる結果に，誰もが強制なく従うことが可能か，などの点から吟味し，合意形成を図ろうとする思考であると言うことができる。

（4）モラル・スキル・トレーニング

　モラル・スキル・トレーニングとは，子どもにモラル・スキルすなわち道徳的な技能を身につけさせるための指導法である。道徳の時間において，さまざまな道徳場面を想定し，そこでスキル・トレーニングを行うということである。

　モラル・スキル・トレーニングの要件として，第1にスキル・トレーニングすなわち具体的な行動の指導になっていること，第2に内面的な道徳性を養う道徳教育になっていることがあげられる（林，2013）。スキルとは，物事を行うための能力，行為する能力のことである。一般に人間の行為には目的があり，その目的を達成するために必要な（適切な）行為を手段として選択し，実行に移す能力が，スキルといわれている。そのようなスキルをただ育成するのでなく，これを用いる状況が道徳的に見てどのようなものであるか，言い換えればそのスキルを何のために用いるのかという判断を含んだものにするのである。そこまでを含めて指導するという意味で，内面的な道徳性を養う道徳教育になっていること，という第2の要件があげられているのである。

　その基本的過程はソーシャルスキルトレーニングと同様で，以下の5段階が設定される。

　　①インストラクション：教師が言葉によって説明を行う。
　　②モデリング：教師が具体的なモデルを示す。
　　③ロールプレイング：子どもたちが実際にやってみる。
　　④フィードバックと強化：よかった点をほめ，悪かった点を修正してゆく。
　　⑤一般化（あるいは般化）：他の場面でも使えるように，たとえば教師が課
　　　題を出す。

　モラル・スキル・トレーニングの場合は，読み物資料を用いる場合があることから，資料提示後に登場人物になってペアインタビューをする，ロールプレ

イングの後にシェアリング（感想の言い合い，聞き合い）を位置づける，さらに資料と類似した場面において自分がとりうる行動のイメージを持たせる，などの工夫がなされている。

　このような指導は，従来の道徳授業をより実感のこもったものにするという点で評価されるであろう。教師が設定する授業の「ねらい」には含まれていなくても，子どもにとって具体的な問題が解決されないと本当はどうすべきか判断できないことも多いはずである。教材文の場面を自分事としてとらえた子どもほど，主人公の「迷い」を自分のことのように感じるであろう。たとえば，友達のことを思って忠告をする場合にも，そのことで大切な相手との関係は壊したくないはずである。友達にどのように声をかけるか，あるいはどのような文面の手紙を書くか，実践を志向する道徳授業がスキル学習に積極的に取り組むべき理由は，このあたりにもあるようにも思われる。

(5) 問題解決型の授業（プラグマティック・アプローチ）

　問題解決型の授業はプラグマティズムとその教育理論を踏まえて提案された授業論であり，その流れは以下のように表現される。すなわち，①問題状況を観察・分析する。②仮説（解決策）を形成する。③仮説（解決策）を吟味する。④実験（議論・実践）する⑤検証（評価）し改良する（柳沼，2006）。このプロセスは，まず，教師の授業実践，子どもの問題解決に共通するプロセスとして提示されているのが特徴である。

　このうち道徳授業における子どもの学習プロセスについては，アメリカの新しい人格教育を参照しつつ，以下のようにアレンジされる。①道徳的問題を分析する。②解決策を自主的に構想する。③みんなで話し合う。④実際に道徳的行為をする。⑤その結果を検証して道徳的習慣を形成する。このような学習により，結果として道徳的判断力，心情，実践意欲，態度を総合的に育成することができるとされている。

　この授業論の特徴は，解決すべき問題を子どもに見つけさせること，そして提案された解決策を吟味することである。ただし，子どもがそのような活動に取り組むことができるようにするために，教師にはその都度，問題解決に目を向けさせたり，Win-Win型の解決策を考えるよう促したりするための適切な

発問を構成するという指導性が求められる。このような教師の発問により，子どもは問題解決において関係者を尊重すること，また解決策の可逆性や普遍性など，道徳問題を考える上で重要な観点を獲得していくことが期待されるのである。一般論として，子どもが問題を感じるための入り口として「価値の理解」は必要である。ただ，問題解決的学習においては，それに終わらず，解決策を吟味する上での「重要な観点」の獲得と，これに基づいて子どもが自身の価値理解を見直すことが目指されるのである。

4．総合単元的学習としてのカリキュラムへの位置づけ
(1) 年間指導計画の意義

　新たなアプローチはそれぞれに可能性をもっているとは言え，従来の道徳授業に完全に取って代わりうる万能の妙薬であるかのように受け取られれば，相互の対話は断ち切られてしまうであろう。むしろそれぞれの可能性と限界を明らかにして，補完し合う方途を探る時期にきているのである。また，道徳授業は，学校としての，また一教師としての理念や教育思想が核心にあって初めて生き生きとしたものになるという部分はあるが，それは独断に陥る危険と隣り合わせでもある。したがって，教科の学習内容との整合性や学校外の社会から見ての妥当性が確保されるような仕組みが必要になる。そのための仕組みとして年間指導計画の意義を見直すことが考えられる。

　年間指導計画には，道徳授業の効果をさらに高めるための指導法の工夫を反映させることができるという意義が認められる。具体的には，①各教科等における指導との関連を図る指導や体験活動等を生かす指導の工夫，②複数時間の関連を図ることにより指導の効果を高める工夫，③必要により他学年段階の内容を付加する工夫，などである。これは年間指導計画が果たす「指導法改善促進機能」ということができるだろう。

　実際の学校の教育課程においては，それぞれ基盤となる「親学問」を有する教科でさえ，完全に独立したものではなく，多かれ少なかれ相互に関連，相関することにより，それぞれの学習の効果を高めようとしている。そうだとすれば，相互に関連し合う教育課程のなかで道徳授業だけが孤立してもよいという

道理はない。また，道徳授業は1主題1時間で指導計画を作成することが多かったが，複数の時間の間で関連を図るということも考えられる。1回読み切り型の道徳ではなく，次につながる要因を含んだ指導を試みるということである。それは，場当たり的に，1時間で終わらなかったから次の時間にその続きをする，というのとは異なる。あらかじめ年間指導計画に盛り込んで，たとえば同一の教材で複数時間扱いとする，あるいは一つの主題の下で異なる教材を用いて考えを深めることによって，効果を高めようとするものである。

　従来の道徳の時間も，学校における教育活動全体を通じて行う道徳教育の目標を基盤として，各教科等における道徳教育と密接な関連を図りながら，計画的，発展的な指導によってこれを補充，深化，統合するという役割を担ってきた。ところが，この「補充，深化，統合」という言葉にはそれで「完結」するというニュアンスがついてまわるせいか，従来，「そこから始まる」という発想が弱く，結果として1時間の授業としての完成度が高まれば高まるほど，自己を見つめることで終わる道徳の時間の限界があらわれてきていた。これに対して，先述のように子どもの実態と教師の願いに応えうるさまざまな授業方法が開発されてきたのである。今日，それらの違いを認識した上で，相互補完の在り方が探究される必要があるということである。ただ，この場合の「相互補完」とは，1時間の道徳授業に複数の方法を折衷して盛り込むことを必ずしも意味しない。道徳の時間を複数時間扱いとすることや積極的にさまざまな教科・領域との関連を図ることなどもその可能性を広げるものとなる。

　1958年に道徳の時間が設置されたときの学習指導要領には，その意義に関して「補充，深化，統合」と並び「交流」というキーワードも使用されており，道徳の時間を言わば「道徳教育の情報センター」とみなすべきであるとの見解が述べられもした（大島，1959）。しかし，実際には戦後の全面主義の道徳教育という原則が十分に機能したとは言えない部分もあった。1990年代に入って提唱された「総合単元的道徳学習」には，このような隘路を打開するための多時間プログラムとしても期待がかかったのである。

(2) 総合単元的道徳学習

　総合単元的道徳学習は，子どもの道徳学習が本来，学校教育における教科・

領域の区分を越え，また家庭・地域社会を含む全生活圏において行われるものであるとの認識に立脚し，そこで子どもの主体的な道徳学習を実現することを目指して提唱された理論である。この理論の特徴は，道徳の時間が学校教育全体を通じて行われる道徳教育を補充・深化・統合するものであるという教育課程上の意義を再びそこに形として表現していることである。

総合単元的道徳学習では，①子どもを主体とした道徳学習の確立，②各教科等における道徳教育のいっそうの推進，と並んで③道徳的実践力の多面的な育成が目指されている（押谷，1995）。そこでは，道徳的実践を支える内面的資質としての道徳的実践力を広く捉え，道徳的判断力，道徳的心情，道徳的実践意欲と態度を中心としつつも，「道徳的価値についての知識・理解」と「道徳的実践についての方法・技術」までも考慮して，計画的，発展的に指導することが強調されているのである。

● 引用・参考文献

荒木紀幸（2005）.「モラルジレンマ授業」の理論　諸富祥彦編著　道徳の新しいアプローチ10　明治図書
江原武一（編著）（2003）. 世界の公教育と宗教　東信堂
藤原聖子（2011）. 教科書の中の宗教　岩波書店
林　泰成（2013）. モラルスキルトレーニングスタートブック─子どもの行動が変わる「道徳授業」をさぁ！はじめよう─　明治図書
金井　肇（1996）. 道徳教育の基本構造理論　明治図書
諸富祥彦（1997）. 道徳授業の革新─「価値の明確化」で生きる力を育てる─　明治図書
諸富祥彦（編著）（2005）. 道徳の新しいアプローチ10　明治図書
大島康正（1959）. 道徳の時間の志向するもの　文部省　新しい道徳教育のために　東洋館出版社
押谷由夫（1995）. 総合単元的道徳学習の提唱─構想と展開─　文溪堂
渡邉　満（1998）. 社会化論と道徳教育　林忠幸・押谷由夫編　道徳教育の基礎と展開　コレール社
渡邉　満（2013）.「いじめ問題」と道徳教育─学級の人間関係を育てる道徳授業─　ERP
柳沼良太（2006）. 問題解決型の道徳授業─プラグマティック・アプローチ─　明治図書
柳沼良太（2015）. 実効性のある道徳教育─日米比較から見えてくるもの─　教育出版

第12章

高校における道徳教育の開発
―茨城県の事例を中心に―

1．はじめに

　「道徳の時間」を要とし，学校の教育活動全体を通して行われる小学校や中学校と同じような道徳教育を高等学校（以下，高校）でも実施している事例は全国的に見ても少ない。その理由の一つとしては，「道徳の時間」がそもそも高校の学習指導要領には設定されていないことがあげられよう。

　このような現状から見れば，2007（平成19）年度からすべての県立高校第1学年（単位制課程は1年次）の全生徒に，「総合的な学習の時間」を使って「道徳」を1単位（35単位時間）必履修させている茨城県の高校道徳は，全国的にも数少ない試みであろう。その後同様な動きは，埼玉県や千葉県でもなされているが必ずしも全国的な広がりを見せているわけではない。埼玉県では，2010（平成22）年度から小・中学校及び高校の道徳教育の充実を図るために，独自な道徳教材「彩の国の道徳」の活用を通じて一貫した教育活動を行っている。同県の高校の道徳教育は，特別活動の「ロングホームルーム等の時間」において年間5回以上実施されている。また千葉県では2013（平成25）年度より，県立高校の第1学年で「道徳」を学ぶ時間を35単位時間程度を導入し，特別活動の時間を中心に総合的な学習の時間等，各学校の教育課程に適切に位置づけ，独自な道徳読み物教材「明日への扉」を活用して実施している。そのため千葉

173

県では，小・中学校，高校，特別支援学校において道徳教育の中核を担う教員である「道徳教育推進教師」を置き，各学校における指導体制と教員研修を充実することにより指導力の向上を図っているという。

　ただ茨城県ではこうした高校の道徳教育実践をさらに進めて，2016（平成28）年度からは高校第1学年だけではなく，さらに第2学年にも拡大させ，特別活動における「ホームルーム活動」の一部を使って年間10時間の道徳教育活動を行うことになっている。本章では，このような茨城県の事例を通して，高校における道徳教育，特に討議型道徳授業の可能性について論究してみたい。まず最初に茨城県における高校道徳導入の経緯から見てみよう。

２．茨城県における高校道徳の導入の経緯と現状

(1) 導入の経緯

　茨城県で高校道徳の必修化が実施された平成19年前後の時期を振り返ってみると，情報ネット産業等での不祥事（平成18年の「ライブドア事件」等）が相次いでいた。当時は現在のような高度情報ネットワークが日常化し始めた時期であり，携帯向けSNSの利用が拡大し，オンライン・ゲーム利用者数も急激に増えていた。このような情報ネット環境の急速な変容は，多種多様な情報受容を可能にし，個々人の価値観の多様化を生み出していた。こうした時代状況のなかで高校生が，多様な情報に惑わされず，自己をしっかり見つめ直し，確固たる価値観を形成し，自分の人生や社会を切り拓いていく自立的な実践力を持つことは重要な教育課題であった。ところが当時の高校の教育現場においては，高校生たちがこうした教育課題と真剣に取り組み，正面からその課題と向き合うことができる教育の＜場＞が必ずしも確保されていたわけではなかった。茨城県ではすでに平成14年頃から，豊かな心育成推進事業や，高校のホームルーム活動の充実を図る取り組みを通して高校生たちが自己の在り方生き方を見つめ直す教育活動を進めていたが，そうした教育諸活動の取り組みが高校道徳の時間の創設につながっていったといってよい。茨城県の高校道徳が設置されるまでの経緯をまとめると以下の表12-1のようになる。

　このような経緯で創設された茨城県の高校道徳の具体的指導内容は，中学校

第12章　高校における道徳教育の開発

◆表12-1　茨城県での高校道徳設置経緯

①平成14年度
　・ホームルーム活動で月1の「心の教育」に関する指導の実施
　・『ホームルーム活動指導資料』（第1～3集）作成及び普及
②平成15年度
　・高校生の心の推進事業　⇒　道徳教育研究推進校（10校）の実践研究
　　　　　　　　　　　　　　　奉仕・体験活動の全校実施
　・高校生さわやかマナーアップ運動　⇒　規範意識の高揚，公共マナーの向上
③平成16年度
　・「豊かな心育成推進会議」の開催
　・文部科学省研究開発学校（岩井西高）の指定　⇒　「在り方生き方の時間」（1単位）
　　　　　　　　　　　　　　　　　　　　　　　　　の履修（2年間）
④平成17年度
　・豊かな心の育成に向けた体制整備　⇒　各市町村別等の「豊かな心育成連絡協議会」
　　　　　　　　　　　　　　　　　　　　開催，「豊かな心育成コーディネーター」の
　　　　　　　　　　　　　　　　　　　　選任
　・保育所・幼稚園から高校までが連携した推進事業やセミナーの実施
　・高校生の豊かな心育成事業　⇒　道徳教育研究推進校の実践研究
　　　　　　　　　　　　　　　　　ホームルーム活動の指導者講習会や公開授業
⑤平成18年度
　・『道徳教育指導資料』及びテキスト『ともに歩む─今を，そして未来へ─』の作成と
　　教員研修の充実
⑥平成19年度
　・すべての県立高校の第1学年の全生徒に対して「総合的な学習の時間」で「道徳」
　　を1単位（35単位時間）履修

　道徳の指導「内容項目」に基づき，高校生の発達段階に合わせたものになっている。中学校の内容項目は全部で24項目（平成18年当時は23項目）あるが，高校ではこの中学校の24項目を高校段階の生徒に対応した表現に置き換え，中学校の道徳との連続性を考慮した上で，高校生に相応しい道徳内容を設定した（図12-1参照）。

高校道徳の「内容項目」：24項目
人間としての在り方生き方に関する教育の充実を図る
＜中学道徳の「内容項目」との連関性を考慮＞

中学校の道徳の時間の「内容項目」：24項目
人間としての生き方についての自覚を深める

◆図12-1　茨城県高校道徳の内容項目

図12-1で示したように茨城県の高校道徳の内容項目は，基本的には中学校の内容項目が基準になっている。ただ，中学校では「道徳的価値及びそれに基づいた人間としての生き方の自覚を深める」ことが道徳教育の目標とされているが，茨城県の高校道徳ではそれに加えて「人間としての在り方生き方に関する教育の充実」をあげている。学習指導要領においても指摘されているように，高校の道徳教育では，「生徒が自己探求と自己実現に努め国家・社会の一員としての自覚に基づき行為しうる発達の段階」であることを考慮に入れた教育活動が求められており，それが「人間としての在り方生き方」を探究する教育活動である。発達の段階から見ても高校生は，これからの自己の人生の在り方や，人間としてどう生きるべきなのか等，生きることの意味や価値を問い続けるべき時期にいる。そのため，そのような問題への問いかけを深め，高校生として自己探究活動を展開していくことは重要な教育課題となる。

　ただし茨城県の場合は，道徳が総合的な学習の時間に設定されているため，「人間」という概念の枠組みをどう捉えるかが問われることになる。学習指導要領において総合的な学習の時間に求められているのは，「横断的・総合的な学習や探究的な学習を通して，自ら課題を見つけ，自ら学び，自ら考え，主体的に判断し」て，問題解決していく言わば自己探究力の育成であるが，道徳教育ではさらにそれを多様な視点から深めて行くことが重要となる。それが，自己と「他者」「自然」「集団」「社会」との「かかわり」方の論究である。中学校の学習指導要領では，24の内容項目が大きく４つの視点（自分自身，他の人とのかかわり，自然や崇高なものとのかかわり，集団や社会とのかかわり）から構成されている。茨城県ではそうした４つの視点に基づいて，自己と他者，自然，集団，社会とのかかわり方を探究することによって，個々の高校生が人間の在り方生き方への深い洞察力を高めていくことを求めている。

　ところで，人間としての在り方生き方に対するこのような探究は，各教科や特別活動でも求められている。各教科では，とりわけ公民科の「現代社会」や「倫理」の重要な教育課題となっている。「現代社会」では，現代社会と人間理解を深め，社会問題を主体的に考察し，判断するとともに「自ら人間としての在り方生き方」についての考察力の基礎を養うことが目標とされているし，「倫理」では「他者と共に生きる主体としての自己の確立を促し，良識ある公

民として必要な能力と態度を育てる」ことが述べられている。
　また特別活動では，特に「ホームルーム活動」で「人間としての在り方生き方」への自覚の深化が求められている。個々の生徒たちにとって学級集団であるホームルームでまず求められるのは，自己の立ちふるまいと集団生活での役割取得であり，さらに望ましい人間関係の構築と，他者との関係性のなかで自己の生き方を探究することである。
　このように高校の道徳教育の指導場面は，公民科の教科から特別活動まで多岐にわたっており，その意味で高校の道徳は，文字通り学校の教育活動全体を通じて行われるべきものであるが，茨城県の道徳はこうした教育活動全体をさらに統合や深化させる役割を担っている。

(2) 高校道徳の現状

　2007（平成19）年度から始まった茨城県の高校１年生の「道徳」は，2015（平成27）年現在で９年目に入るが，当初から道徳の授業で魅力ある読み物教材が活用できるように生徒用テキストを編集した。それが県作成生徒用テキスト『ともに歩む―今を，そして未来へ―』（茨城県教育委員会編）である。この教材集では，中学校の24の内容項目（価値項目）に関連した35の読み物が選定されており，それらの読み物教材を週１回（年間35時間）の授業で有効に活用することにより，豊かな道徳的心情の育成を図っている。初版は平成18年で，平成23年には第６版一部改訂版を出版したが，平成27年の第10版最新版では，地域の偉人を取り上げた教材と日本の文化・伝統を国際的に紹介する教材の２教材を追加して全部で37の読み物教材を収録している。教師の指導用資料としては，『高等学校　道徳教育指導資料－魅力ある「道徳」の実践を目指して－』（茨城県教育委員会編）があるが，この資料では茨城県の道徳教育の基本的な指導方針から現場で必要な具体的な指導方法がまとめられている。各県立高校ではこの指導用資料に基づき，小・中学校の道徳教育推進教師にあたる「豊かな心育成コーディネーター」を中心に高校道徳の充実を図っている。
　茨城県では，このような高校の道徳教育が，教員・生徒・保護者からどのような評価を受けているのかを把握するため，道徳の時間の創設当初の平成19年度から毎年アンケート調査を行ってきた（詳細は県教委HP参照）。調査対象は，

全県立高校と県立中等教育学校の「道徳」の授業担当者（H24：669人，H25：635人，H26：620人），全県立高校の第1学年及び県立中等教育学校の第4年次の生徒（H24：3582人，H25：3488人，H26：3576人）と保護者（H24：469人，H25：462人，H26：465 人）である。ここでは過去3年間の調査結果の概要を紹介することで，高校道徳の実践的評価と課題を明らかにしておきたい。まず教員対象のアンケートでは，8割をこえる教員が，年間指導計画に従った道徳の授業が実施でき，道徳の授業で身近な日常生活の話題や社会問題を取り上げることで，社会に出る一歩手前の高校生を意識した授業が展開できたと回答している。生徒対象のアンケート結果では，9割が道徳の授業が自分のためになると答え，8割が礼儀や思いやりについてじっくりと考え，話し合いなどを通して相手の意見や考えをよく聞くようになったと回答している。保護者では，8割以上が自分の子が入学当初より基本的な生活習慣や責任感など自分自身についてじっくり考えるようになったと肯定的な回答をしている。

ただ，8割の教員が，道徳教育の内容を扱うときに，グループワーク等の新しい手法を取り入れたいと考えており，より実践的な道徳教育活動の必要性が求められていることが分かる。また生徒の8割以上が，道徳的には正しい行いが分かっていても，実際に行動に移せないことがあると回答している。

このように，茨城県の高校道徳は，教育現場や家庭にその教育的意義が認められつつあるが，教員や生徒たちからはより実践的で，実際に行動に移すことができる道徳教育が強く求められていることがアンケート調査の結果から分かる。こうした道徳的実践力の育成のために，茨城県では平成26年度より「いばらき版高等学校「道徳」教育推進事業」の拡充を3ヶ年計画で行っている。計画では，主に道徳的価値について考える高校1年の道徳授業に加えて，道徳的実践が求められる多様な場面で的確な判断ができ，実際の行動に移せるような道徳的スキルを身に付けさせる道徳教育の充実を目指している。

3．茨城県の道徳教育推進事業について

上述したように茨城県では目下，2016（平成28）年度に全県立高校2年で実践型の道徳教育活動を実施するための事業を展開中である。その目的は，現在

高校1年生に現在行っている道徳的な心情を豊かにし，道徳的価値の自覚を図る道徳教育をふまえて，高校2年生で，集団活動を通して身に付けたい「道徳的判断力」と「道徳的実践意欲と態度」を育成することで，自立した社会人として地域貢献できる人材の育成を図ることである。

この高校2年生の道徳教育（仮称「道徳プラス」）の授業は，具体的にはホームルーム活動で行う予定であり，主に「話し合い活動」を中心にして議論を深める授業を開発し，年間10時間必ず実施することになっている。「道徳プラス」の目標は，集団や社会の一員として自己の役割や責任を果たし，より良い人間関係を築き，集団活動を通して道徳的判断力と実践意欲と態度を身に付けようとすることである。年間10時間の内訳は，①合意形成を目指す話し合い活動を重視する討議型実践授業を5時間行い，道徳的判断力の醸成を図り，②話し合いを重視するモラル・スキル・トレーニングによる協働型実践授業を5時間行い，道徳的実践意欲と態度の醸成を図ることである。すでに2014（平成26）年度から討議型と協働型の実践授業で使用する教材開発を行い，2015（平成27）年度には10の研究指定校において，二つのタイプの道徳授業の検証実践を行っている。この検証実践は，メディアでも取り上げられており，討議型道徳授業では，ネットで崩れた友人関係を話し合いで解決を図る教材の実践事例（県立太田第二高校：茨城新聞2015年8月2日付）が，さらに協働型道徳授業では，バスの優先席で高齢者に席を譲らない若者に対して，一般席に座っている自分がすべき行動を話し合いとロールプレイ（役割演技）を行う教材の実践事例（県立潮来高校：読売新聞2015年6月20日付，日本教育新聞2015年7月20日付）が紹介されている。

本章ではこの二つの道徳授業のうち，討議型道徳授業の実践モデルを分析することで，高校における道徳授業の可能性を探ってみたい。

4．討議型道徳授業の可能性

(1) 道徳教育の新しい動向

先ず最初に確認しておきたいのは，茨城県の高校道徳が進めている話し合い活動を中心とする授業実践と，小・中学校の道徳教育の新しい動きには密接な

関係が見出せる点である。周知のように，小・中学校の道徳教育は，教科化に向けての動きが急速に進んでいる。2015（平成27）年3月27日には，学習指導要領が一部改正されたが，この「特別の教科　道徳」の創設を盛り込んだ一部改正は，単なる改正ではなく，従来の道徳教育の質的転換を意味する大きな改正と見るべきであろう。それは「考え，議論する道徳」への転換である。さらにこのような趣旨の道徳授業の指導のあり方は，2015（平成27）年7月3日に公表された小・中学校の学習指導要領解説編において具体的に提示されている。特に第4章の第3節の「指導の配慮事項」においては，従来の道徳教育の解説編とは違い，「多様な考え方を生かすための言語活動」を充実させて，話し合い活動による「協同的議論」を，自らの考えを「表現する機会」として確保することが強調されているし，「問題解決的な学習など多様な方法を取り入れた指導」の重要性が指摘されている。より具体的には，これまでの読み物教材中心の道徳授業だけではなく，多面的・多角的に考えながら課題解決に向けて話し合う授業や，即興的に演技して考える役割演技など疑似体験的な表現活動を積極的に取り入れる必要性が強調されているのである。

　このような小・中学校の新しい道徳教育の動向を見てみると，茨城県で進めている道徳教育推進事業との親近性が明らかになる。すなわち話し合いを重視して，道徳的判断力を育成する討議型道徳授業も，モラル・スキル・トレーニングをベースとする協働型道徳授業も，こうした新しい道徳教育の動向と同一線上にある実践と見なすことができるのではないだろうか。これからの道徳教育では，このように考え議論する道徳が重要な役割を占めることは間違いない。その意味で，茨城県の高校道徳の先駆性が確認できるように思う。

(2) 討議型道徳授業の教材開発

　茨城県で現在検証実践が行われている討議型の道徳授業のイメージを一言でまとめるなら「グループによる意見交換から全体討議に進み，学級全体の合意形成を目指す話し合い活動」になるだろう。この種の話し合い活動では，問題・課題を発見し，解決を図る学習活動（デューイ：Dewey, J.）や，相互理解を図るコミュニケーション活動（ハーバーマス：Habermas, J.），さらには共通理解へと導かれる対話活動（Win・Win型対話）が組み合わされた「討

◆表12-2　サンプル教材

【教材：みんなの公園】
B市が保有する緑地公園は，自然が豊富でA君ら地域住民にとって憩いの場となっている。ところが近年，B市の人口増に伴い住宅地にされる計画が持ち上がった。そのためB市関係者は，今後住民との意見交換会を開くことになった。そして，B市関係者によると，より良い意見があれば，住民の意向に合わせて検討するという。A君は何とかして公園を守りたいと考え，仲間のみんなと意見交換会に参加し，緑地公園の大切さを伝えたいと思った。
【話し合い活動のヒント】
①緑地公園の存続のために問題となっていることは何でしょう。
②緑地公園がA君ら地域住民にとってどのような意味があるのかを考えた上で，公園存続のためにはどうすればよいでしょうか。意見交換会の参加者が納得できる意見を考えてみましょう。

議」が重要になる。そのため教材には，次の三つの要素が組み込まれる必要がある。①考え方の「相違」や「対立」が見出せるテーマが含まれていること。これによって問題・課題解決型学習を行うことができる。さらに生徒相互の学習活動を活性化させるために，②「日常生活」と関連した具体的で切実な道徳問題が見いだせること。そして③討議活動が「集約・収束」できるストーリー構成になっていること。そのためには，討議活動を通して，結果的には個々の生徒の個別判断を尊重するいわゆる「オープンエンド」なストーリーではなく，新しい価値や規範の創造を協働で目指せるようなストーリー展開が重要になる。上記のサンプル教材（表12-2）は，こうした三つの要素が織り込まれた内容になっている。

　内容を見てわかるように，この教材は考え方の相違や対立を含んだ例話になっている。本文の冒頭で「B市が保有する緑地公園は，自然が豊富でA君ら地域住民にとって憩いの場となっている」という説明には，「自然の大切さ＝A君たちと地域住民の立場」である「考え方A」が述べられており，この考え方は，次の文章「ところが近年，B市の人口増に伴い住宅地にされる計画が持ち上がった」という「宅地開発の必要性＝B市関係者の立場」である「考え方B」との相違や対立を生んでいる。討議では，この相違と対立をめぐって話し合い活動を行う。実際の授業では，4〜6名程度のグループに分かれて討議するが，その際に重要なのは，「話し合い活動のヒント」である。討議では各自の自由な発言が尊重されるが，その過程において考え方に相違と対立があるこ

とを理解し、自由な話し合いを通して合意形成に至ることが求められるので、話し合い活動の方向性を各グループがある程度は了解しておく必要がある。それが話し合い活動のヒントである。

まず①のヒントは、各グループが話し合いを行う際に、この例話には相違や対立があることに気づかせるものである。それによって個々の生徒は、グループで討議すべき内容を把握することができる。次に②のヒントでは、①で気づいた考え方の相違や対立を乗り越えて、各グループの討議でどのような合意形成を図ればいいのかを理解させる。その際討議では、次の二点が重要である。一つ目は、相互理解して、歩み寄りを図る「討議」を行うことである。というのも合意形成を図るためには、考え方A（「自然の豊かさ」）、考え方B（「宅地開発」）の両方に対する理解を深め、その特質と問題点を把握する必要があるからだ。二つ目は、合意形成を図る討議が、道徳の内容項目に沿った見方・考え方へ向かっていくことである。なぜなら、この教材「みんなの公園」に織り込まれている内容項目は、「自然愛護・畏敬の念」（内容項目3−（2））であり、この内容項目に沿った形で話し合い活動を進めることで、ある程度の合意形成に至ることが期待できるからである。

(3) 試行的調査の回答事例

ここでは、この教材を使った討議活動を行い、アンケート調査から討議型道徳教育実践の有効性を確認した。対象は国立A大学の1年次生で、前期授業の比較的早い時期に討議活動を行い、アンケート調査を実施した（対象人数202名、4月30日実施）。ここでは、話し合い活動のヒント①、②に対する回答を集約、分類してまとめた共通意見と、この教材に対する総合的な感想の代表例を紹介しておきたい。

まず①に関しては、「緑地公園がなぜ大切で、必要な場所であるか理解されていない」、「緑地公園の良さがB市関係者に伝わっていない」、「A君たちと、B市関係者には価値観の違いがあること」等、考え方の相違や対立が概ね理解されている回答が多かった。ただ、なかには「A君たちは子どもなので主張する権利がない」、「緑地公園以外に自然がないのは、行政にも問題がある」、「自然より都市の人口問題が重要である」等、教材の趣旨を十分に理解していない

意見も散見された。②に関しては，「宅地開発は認めるが，一部を公園として存続させ憩いの場とする」，「自然に囲まれた住宅地にして，地域住民との交流を深める」,宅地と自然地域の割合を5：5（7：3もあり）にして合意する」,「緑地公園を住宅地のシンボルとなるように開発してもらう」,「高層マンションを建設し，自然豊かな緑地公園は存続させる」等，合意形成を図ろうとする建設的な意見が多数寄せられた。ただなかには一方的な考え方に偏った意見もあった。「A君たちが別の場所を見つけ，B市関係者にプレゼンする」,「あくまでも宅地開発に反対し，緑地公園存続を訴える」,「宅地開発は森林破壊であり，自然の大切さをB市関係者に分からせる」,「弁護士や裁判所に訴える」等，合意形成に至ろうとする意見にはなっていないものもあった。

総合的な感想で代表的なものは，以下の通りである。「このような話し合いは，高校時代にはあまり行われなかったので，面白かった」,「相手の意見を聞いて合意形成を図るのが難しかった」,「対立する両者と妥協点を見つけることは予想以上に難しいと感じた。しかしこのような話し合いは社会に出ると必要になるので本気で取り組むことが重要だと思う」,「両者が納得する案を出すのは難しいを思った。両者が損をせず，得することができないにしても，お互いが妥協して納得できる着地点を探すしかないと思う」

5．おわりに

意見の相違があり，対立する考え方が含まれる教材を通して，高校生の日常生活に密着したテーマを討議する道徳授業は，これからの道徳教育授業の重要な柱の一つになることは間違いない。先に指摘したように，現在茨城県ではこのタイプの道徳授業の検証実践を進めている。

ただこの実践を行っている教育現場からは，討議型道徳教育実践における幾つかの疑問や質問がなされている。そのなかで多いのが「合意形成」問題である。たとえば「討議型道徳授業の話し合い活動では合意形成が常に求められているのか」等の質問がよくなされる。民主的な討議を前提とし，生徒たちが自他の意見を比較検討しながら，多様な意見を尊重する話し合い活動では，相手をやり込め，排除する話し合い活動が認められないことは明らかである。最後

まで相互理解が得られない話し合いも現実には数多く存在する。特に情報化社会が拡大するなかで，個々人の価値観の多様化と自己中心的思考性の問題（エゴイズム問題）が顕在化している今日，相互理解ができない価値対立状況が様々な場面で生み出されている。高校生がそのような場面に遭遇することも少なくないだろう。その際に互いが理解するためには，徹底した討議と相手に自己の意見や考え方を伝え合う話し合い活動を行うことが重要な教育課題であることは言うまでもない。

しかしながら他方で，相互理解を深め，多様なコミュニケーションを通して自他の立場を意見や考え方に配慮しながら，ゆるやかな合意形成を目指す話し合いを行う機会を学校現場で用意することも重要ではないだろうか。それは必ずしもBestではないがBetterな合意形成に至る話し合い活動を経験することでもある。特に社会に出る一歩手前に高校生にとっては，その種の話し合い活動の経験は，キャリア教育の視点から見ても大切なものではないだろうか。高校における道徳教育には，このような教育課題への取り組みも強く求められているように思われる。

互いの意見や考え方の相違や対立を徹底的な討議によって話し合う教育活動と，相互理解を深めながらゆるやかな合意形成を図る話し合い活動が，融合し合いながら多様なコミュニケーション活動を展開させていくことは，今の高校生には強く求められている課題ではないだろうか。茨城県の高校道徳は，総合的な学習の時間と，特別活動の時間を活用し，理論と実践の往還を進めているが，今後は各教科教育実践との連関性も深めて行く必要があるだろう。

●引用・参考文献

茨城県教育委員会（2015）.高校生の「道徳」ともに歩む
茨城県教育委員会（2014）.高等学校　道徳教育指導資料
文部科学省（2008）.高等学校　学習指導要領
長島利行（2013）.高等学校道徳の観点別評価に関する一考察　道徳教育方法研究　第19号
小川哲哉（2014）.主体的な＜学び＞の理論と実践 青簡舎
柳沼良太（2012）.「生きる力」を育む道徳教育　慶應義塾大学出版会

第13章

道徳の授業で求められる教師の力量形成
―授業の参与観察とリフレクションを通して―

1．はじめに

　「道徳に係る教育課程の改善等について」（答申）が2014（平成26）年10月に手交された。それを受け，2015（平成27）年3月27日には学校教育法施行規則の一部改正とともに，小・中学校学習指導要領の一部改正が行われた。今まさに，「多面的・多角的に学ぶ道徳教育への質的転換」（文部科学省，2015d）に向けて始動しようとしている。

　一方で，近年「グローバル化や情報化，少子高齢化など社会の急激な変化に伴い，高度化・複雑化する諸課題」（中央教育審議会，2012）に対応するため，「教員が探究力を持ち，学び続ける存在であることが不可欠」（同上）であると指摘されている。

　では，このような教育改革のなか，道徳の授業において教師にはどのような力量が求められているのだろうか。あらためて道徳授業研究の場を検討の俎上に載せ，そこで求められる教師の力量（実践的指導力）について考えてみることにしたい。道徳の授業研究を通して授業者は，どのようなことに気づくのか。そしてその結果としてどのような問いや課題と向き合うことになるのか等，授業者の語りに着目して考察していくことにする。

　これらのことにより，道徳授業の改善のための視点やその基盤となる教師と

しての力量形成の視点から，さらには学校としての推進体制の視点から，今後検討すべき課題や方策の一端を明らかにしたい。

2. 道徳授業研究の概要

(1) 調査対象校と授業者について

A市立B中学校は，各学年6クラスの中規模校である。平成25・26年度の2年間道徳教育実践研究に取り組んだ。ここでは，初年度の2月に第1学年のある学級で行われた研修会での授業を取り上げている。

授業者は第1学年の学年主任，K教諭（男性・50代）である。道徳教育実践研究指定校の道徳教育推進教師として，自らの授業力を向上させようと以下の点を工夫して授業研究に臨んだ。それは，まず生徒との「対話」を重視することである。これは，8月に行われた第1回目の道徳授業研修会で学んだことだ。次に，K教諭が同じ資料を使用して，1学年の全クラスで授業を行うといういわゆる「ローテーション授業」（注記：ローテーション授業とは，同じ教師が一つの資料を複数の学級で行う授業形態のことである。兵庫県教育委員会，2014）の試みである。

(2) 提案授業について

ここで，当日K教諭が提案した学習指導案について，簡単にその概略を示しておこう。なお，これらは，筆者が一部抜粋，加筆，修正したものである。

【主題】真実を求めて　1-(4)
【資料の概要】
「留さんのボギー」（『兵庫県道徳副読本　心かがやく』）

この資料は，日本で三人目のプロゴルファーである宮本留吉（以下，「留さん」と略記）の実話を基にした内容である。

（留さんの）13番ホールでの第2打は砂地へ入り，ボールはかろうじて小石で止まっていた。留さんが第3打の構えをとった瞬間に，そのボールは転がってしまう。ゴルフでは，これも1打分としてカウントされるルールである。留さんは葛藤するも，正直にこれを申告してボギーになる。このあと，スコアを崩しつつも，なんとかトップに留まることができた。翌日のプレーオフでは，あとの二人に差をつけて優勝する結果となっ

た。13番ホールでの出来事を回想しながら優勝セレモニーに向かう留さんの姿は凛として輝いていた。

【ねらい】
　誠実な生き方をしようとする主人公の行動を通して，真実を求め，理想の実現をめざして自己の人生を切り拓こうとする道徳的心情を育てる。

【指導展開〈指導案挿入〉】

	学習活動	主な発問と予想される生徒の反応	指導上の留意点
導入	・今日の資料に興味を持つ。	ゴルフを知っていますか ・見たことある。 ・なんとなく知っている。	・分かりやすくするために写真を貼る。
展開	・資料を黙読する。 ・岡橋さんに声をかけられた時の主人公の心情を考える。 ・自分ならどうするかを考えて、その理由を述べる。 ・セレモニーに向かう留さんの気持ちを考える。	 岡橋さんに，「留さん，パーやな」と声をかけられた時，留さんはどんな気持ちだったのでしょう。 ・ラッキーかもしれない。 ・パーって言えば優勝できるかな。 ・どうしよう。 ・誰かに見られているかもしれないな。 ・正直に言った方がいいな。 自分だったらどう言いますか。 ・そのままパーにしておく。 ・優勝したいからパーにする。 ・正直に一打分申告する。 ・わからない。 セレモニーの舞台に向かいながら，留さんはどんなことを思っていたのでしょう。 ・正直に申告してよかった。 ・胸を張れるプレーができてよかった。 ・嘘をつかずに申告できた自分に誇りを持っている。	・資料を範読する。 ・パーとボギーの違いを説明する。 ・指名して発言を促す。 ・自分ならどのような判断をするのか，自分に向き合えるように，机間指導を行いながら支援する。 ・「凛としているとはどういう状態のことか」を考えさせてから，留さんの気持ちに迫る。 ・うそや偽りのない人間らしい誠実な生き方をしようとする主人公の心情を考えさせる。
終末	・自分の考えを書く。	「自分の考えや，今日気づいたことを書きましょう」	

3. 授業場面での見取り―筆者の視点を通して―

(1) 生徒に向き合うということ

　学校の教育活動において,「生徒に向き合うこと」の大切さを理解している教師は少なくない。それでは,生徒と向き合うとは具体的にはどういうことだろうか。例えば,授業のなかで教師は「どのように」生徒に向き合えばいいのだろうか。ここでは,授業場面を参与観察した筆者の見取りを通して,そのことについて検討してみたい。

　範読後,「留さんが第3打の構えをとった瞬間に,小石で止まっていたボールは転がってしまう」場面を取り上げ,K教諭はゆったりとした口調で次のように発問した。「留さんは『ついてないな』と舌打ちしましたが,その時どんなことを考えていましたか」と。そして,その発問が書かれた大きな短冊を黒板に貼った。K教諭は,生徒に自発的な挙手を促すことはしなかった。教師の指名に基づいて授業を進めた。

　また今回は,あえて生徒の発言を板書しないで授業を行った（板書しながら学習内容をまとめて授業を進めることは,校種の差はあれ日常的に行われていることである）。あとから尋ねると,K教諭が「道徳の授業での対話を重視すること」とはどういうことかを吟味した結果,試みた一つの方略であった。このことで,K教諭は結果的に空間の制約から一つ解放された。すなわち,黒板の近くで授業を行う必要はなくなり,生徒のなかに直に入って授業を行うことがより可能になった。

　したがって,K教諭の指名の仕方も次のようなものだった。教卓の前から名前を呼ぶのではなく,個々の生徒席近くまで行き,距離を取ることなく直接指名した。

　授業のなかで真に生徒に向き合うことを求めたとき,具体的には,生徒一人ひとりとの実質的な距離を縮めること,そして生徒の発言をしっかりと傾聴すること,生徒の思考のプロセスを教師自身が把握することが求められる。まさにK教諭は,生徒の表情をつぶさに読み取り,アイコンタクトをとりながら生徒の発言を受容し,一人ひとりの生徒が何を考えているのかをダイレクトに把握できる条件を手中にしたわけだ。けれども,本当に可能かどうかはそれで保

障されているわけではない。なぜなら，それは相手があってのことだからである。けれども，K教諭はこのことによって，真正面から向き合う姿勢を生徒にまず身をもって提示したことになる。

(2)「受け止めること」と「問い返すこと」

では，実際に教師は生徒にどのような問いを立て，生徒の発言をどのように受け止めればいいのだろうか。それでは，先のK教諭の発問に戻ろう。

K教諭の発問に対して指名された最初の生徒は，「ゴルフのルールだから仕方ない」と答えた。次の生徒は「ちゃんと申告しよう」だった。二人とも道徳の授業ではよく見受けられる模範的な発言だ。その二人に対して，K教諭は穏やかな表情で相槌を打ち，「(留さんは，)どんなことを考えていたんだろう」と繰り返した。

そして，次の瞬間，「(留さんが，)一番考えていたことは何だろう」と，今度は「一番」という言葉を付け加えて発問をした。優勝を賭けたこの場面において，留さんは不可抗力の一打分を申告するか否かと様々な思考が錯綜していたと考えられる。K教諭は，先の生徒たちの発言を受け止めつつ，どのように生徒の考えを深めさせてくかを思案していたに違いない。そこに，「一番」という言葉が付け加わった。生徒の思考を，そのときの留さんの置かれた心境(思いや葛藤)に焦点化させようとした咄嗟の一言だろう。これは，学習指導案にあらかじめ準備されていたわけではない。

すると，生徒の発言に変化がみられた。次に指名された生徒は「ついてない。優勝しないと自分の頑張ってきたことが台無しになる」と答えた。「ちゃんと申告しよう」という模範的な発言が，この場面で揺れる留さんの思いに近いと思われる内容に変化した。K教諭はあわてなかった。すぐに飛びついて"正解"を導き出す問いを発するのではなく，先と変わらぬ表情でゆっくりと相槌を打ちながら続けて別の生徒を指名した。その生徒は「優勝したいけど，ここでの一打がもったいない」，次の生徒も「この一打で優勝が厳しくなる」という発言が続いた。留さんの迷い，葛藤する気持ちに寄り添う発言になったのである。「一番」という一言が付加されただけで，思考の焦点化が図られ，生徒たちはこの場面に自らを投影して，深く考えられたのであろう。

再びK教諭は，「どんなことを考えていたんだろう」と問いかけた。ここからは，生徒の発言に別の展開が待ち構えていた。指名された生徒は「優勝したいけど，優勝するには厳しい。ゴルフはこんな甘いもんじゃないから，もっと練習すれば良かった」と答えた。この状況について留さん自身の立場を慮り，練習不足で後悔しているのではないかと考えたのである。K教諭は，ある意味で執拗に同じ発問を繰り返したのである。それまでの発言に触発されて，生徒たちはきっと留さんの心の内をさらに考えることを促されたのだろう。そこでは，教科学習のように，生徒はまだ“正解”が出ていないと考え，K教諭がどんな“解答”を求めているのか再考せざるを得なかったのかもしれない。結果，生徒の思考は，留さんの心境に寄り添いつつも，留さんの日頃の練習の在り方に視点が移動した。道徳授業でありがちな主人公への共感的・反省的思考である。生徒たちの反応はK教諭の期待するものではなかったかもしれない。しかし，K教諭は，「こんなショットを打ってしまった自分のことを考えているのか」と続け，生徒の発言に寄り添い続けた。道徳の授業では，どのような発言をも受け止める度量が教師に求められる。

　ここからは，教師が生徒に「どう問うか」「どう迫るか」ということが，授業展開の成否において大きな要素であることがわかる。と同時に生徒の発言をどのように受容し，どう問い返すのかということも問われている。教師と生徒との応答は，時系列のなかで刻々と変化している。教師の問いと生徒が考えてみたいことの重なる瞬間が垣間見える。また，一つのきっかけによって，思考が別の視点に移ってしまうこともある。この時，「タクトに欠ける教師なら，当惑してしまい，子どもたちの答えに絡みつきつつ揺さぶりをかけることは不可能」（徳永，1996）との指摘もある。そこには，教師の瞬時の好奇心にも似た「タクト」が求められる一方で，生徒の発言を受け止めるという授業全体を貫く姿勢やマネジメントも堅持されなくてはならない。大雑把に言えば，K教諭に限らず，探究的な授業者はこの“二兎”を追い続けている。

（3）生徒を理解しようとすることと「考える道徳」

　「教室を支配している『正解志向』…（中略）…子どもによっては『正解』が関心の的であり，なんとか正解を得たい」（藤岡，1999）と思っている。し

かし，道徳の授業は，必ずしも「正解」を求める授業ではない。けれども，授業である以上ねらいに迫ることが求められる。そのような特質をもつ道徳授業で，教師はどのようなことに留意して授業を遂行すればよいのだろうか。

さて，授業場面にもう一度戻ろう。K教諭は，授業中盤の展開部分で「自分だったらパーと言いますか。ボギーと言いますか」といういわゆる問題解決的とも受け取られるような場面を設定した。「パー」は一打偽って申告することを意味し，「ボギー」は正直に申告することを意味している。生徒たちは，青と赤のカードを渡され，自分の意思を表明するようにK教諭から促された。

道徳的規範からすると「パー」（偽って申告する）と意思表示するということは，一般的には勇気のいることだと考えられる。それは，級友から「ズルい」と思われる可能性があるからだ。実際に，偽って申告するという生徒は数人だった。しかし，それを選択した生徒たちは，「その方が都合がいいから」「（偽ったことを）気にしなかったらいい」「どうしても優勝したい」「見られてなかったらいいかな」と，「周囲の眼」や「道徳」の授業を意識すると一見言いづらいようなことを発言した。中学1年生とはいうものの，もう2月の1年生である。「パー」（偽って申告する）と表明し，堂々とその理由を述べられた要因はなんだろうか。それは，生徒の開き直りではなく，留さんに即して，人間のなかにあるもう一方の気持ちを素直に代弁したと筆者は捉えている（もっとも，学級の実態によっては，規範的な言明に対して，自己の利益に通じる言明を臆することなくストレートに発言する生徒もいる）。それはK教諭の授業における一貫した「受け止める」姿勢の反映だと考えられる。もちろん，その背景には日ごろの学級づくりが関係していることも推測できる。

ところで，この展開場面の後，ワークシートに振り返りを書いていた時，筆者はある生徒の記述に関心を寄せた。「パー」（偽って申告する）と表明し，「その方が都合がいいから」と発表した生徒である。その生徒は次のように記述していた。

　　私は「パー」にしました。でも，いざとなると分からないです。例えば，部活で考えてみても，自分がそのような行動をするかどうかは分からないからです。…（中略）…嘘をつくかどうかは，本当に難しいです。

授業場面では，正直に申告すると表明した生徒ではなく，偽って申告すると意思表示した生徒も，自分自身とじっくり向き合って，悩み考えていたのである。

　このように「考える」ことが道徳の授業の醍醐味である。授業中の発言内容が生徒の道徳性（心情）そのものでもないことも示唆している。生徒たちは，この場面においてどちらを選んだとしても揺れているのかもしれない。これが，「自己を見つめ，物事を広い視野から多面的・多角的に考え，人間としての生き方についての考えを深める学習」（文部科学省，2015d）であろう。

　道徳の授業で取り上げる内容について，中学生にもなるとある程度の善悪の判断はできていることが多い。しかし，実際の生活場面においてその「時」，その「場面」に置かれたときに，どのように判断できるかは自分でもわからない。だから，教師は道徳の授業において，不可避的なものはあるにせよ，生徒の「揺れ」を想定し，それも受け止めて授業ができる幅やゆとり，包容力も求められる。それを，「生徒理解」と「受容的態度」と言葉で言うのは簡単である。そのことが何を意味し，何が求められるのかをあらためて考えてみなければならない。特に，授業場面では，生徒にどのような思考を促すのかを追究し続けなければならない。道徳の授業は，知らないことを知る時間ではなく，知っていることを深く考え，自身に問い返しをする時間だからである。「考える」道徳とは，そのような意味にも受け止められる。言い換えれば，生徒が考えられるような道徳になっていなければ，まず生徒理解は深まらない。生徒理解をしようと思えば，生徒の考えに触れなければならないからである。そうした生徒の思考を促すことが教師の役割だと言えるのではないだろうか。単なるハウツーでもない。授業を行う上で不可欠な力量だが，そんなに簡単ではない。教師と生徒との問いと応答，生徒同士の討議や議論のなかに，生徒理解のヒントもある。

4．授業リフレクション―授業者の視点を通して―

(1)　チャレンジからの気づき

　では，道徳の授業"研究"を通して，教師は何を学んでいるのだろうか。K教

諭のリフレクションの聞き取りから，このことをみてみよう。K教諭は，「前回の研修会で，道徳授業の在り方について『"意識の転換"を』との指摘を受け，授業の枠組みを変えてみました。それに特化して授業を行いました」と語っている。すなわち，それは「対話を中心に据えた生徒に向き合う授業」への転換である。

その方策として，無謀とも言えるかもしれないが，あえて彼は生徒の発言を丹念に板書しないことにした。その結果として，K教諭は，板書することではなく，また，説明することでもなく，資料を通して生徒と直に向き合わざるを得なくなった。

そのことを踏まえ筆者は，「"意識の転換"をしたことにより気づいたことは何か」とたずねてみた。すると，K教諭は，開口一番に「発問の文言の大切さです」と答えた。これは，発問の文言を吟味し精緻化することだと捉えられる。K教諭にとって，"意識の転換"は，「教えること」から「受け止めること」への転換でもあった。つまり，主体が「生徒」になったわけである。「生徒の語り」が授業の中心となる場においては，生徒の考えを引き出さなくてはならない。そのため教師の問いが，生徒との語りと直結していると感じられたのであろう。「発問の文言を精選しないと子どもたちの発言が止まってしまう」とK教諭は続けて発言したことがそれである。ここでは，「何を」問うかはもちろんであるが，「どのように」問うかということが重要であると気づいたことがわかる。

たとえば，留さんが「ついてない」とつぶやいた場面では，彼の「気持ち」を問うのではなく，彼が「どう考えたか」と問わないと発言が出なかったと振り返っている。どのように問うかによって，授業の展開が違ったものになることをK教諭は気づいたのである。

それに伴い，「問い」と「問い」とをどのようにつなぎながら授業を展開すればいいのかという課題にも気づくこととなった。すなわち，教師が「生徒の思考を引っ張る展開にしないために，あざとくならないようにするために」は，生徒の思考や反応に沿った問いを立て，展開していかなければならなくなった。そのためにはK教諭は，「生徒の反応を事前に想定すること」も必要になったと述懐している。もちろん，前述した「問い」の内容や質にもかかわってくる。問いの質や方向性，広がりや深さを勘案して問いを立てる。問いと問いとのつ

ながりを考えることはもちろん、その問いがどういう深さをもつのかを考えることが授業の成否に直結する。ひるがえって考えれば、どのような問いが生徒にとって、どのような意味を持っているのかを考えておくことが必要になる。それは、問いを構想することが「考える」授業の成否にかかるということである。教師のねらいもそこに内在している。問いを精緻化するとはそういうことである。教師はねらいがある以上可能な範囲で授業を方向づける必要がある。けれども、必ずしも道徳の授業では、その通りにいくとは限らない。それであるがゆえに、問いを豊かに、そしてスマートに吟味しておくことが求められる。結論的には、この過程で検討された授業論や指導法、指導技術等は、各教科・領域に通底するものでもあるだろう。

さらに教師の些細な手順も生徒の反応を変える要因になることも指摘していた。K教諭は、時間短縮のために資料を最初から配布したことにより、導入時に生徒が想定外の反応をしてしまったことを振り返っていた。これは、資料の提示も生徒への問いかけの一つであることを意味している。授業者の行うことすべてが生徒の反応を左右する。K教諭は、柱（ねらい）を基にして問いの立て方や板書、資料提示等、道徳の授業全体を設計することの難しさも教訓的に学んだものと思われる。

(2) 道徳授業の新たな試み

K教諭が「ゆとり」や「余裕」を持って授業に臨めたのは、「ローテーション授業」という背景がある。現行の小・中学校学習指導要領の規定上、「ローテーション授業」が一般的に行われているわけではない。では、「ローテーション授業」にどのような意味があるのだろうか。

K教諭はいくつかのポイントをあげていた。第1に授業を何度か繰り返すことにより、試行錯誤しながら授業を再構築できることである。このことから、工夫と改善が加えられ、より充実した授業になる可能性がある。第2に、授業を繰り返すうちに生徒たちの様子や反応がよく見えるようになったことである。その結果、生徒の発言や反応に対してK教諭がどのように応えればいいのか余裕をもって対応できるようになったのである。第3に、授業に慣れると道徳の授業が面白くなり、少し自信がついてきたこともK教諭は語った。ゆとりが生

まれると，そこで教師のアドリブも生まれる。その場でなければ生まれない臨場感。そこには，新たな知の創造と交流についての契機と場がつくられる。繰り返し同じ資料で授業を行うことで教師にゆとりができ，授業の改善にかかわる要素が生まれたのである。実は，授業の見取りにそれが表れている。この授業を支えた学年の取組は，道徳の授業を通した教師の力量形成を考えた場合，有効ではないかと考えられる。

5．推進体制づくりと道徳の指導計画─道徳授業の充実のために─

ところで，前述したような道徳の授業研究を支えているものは何であろうか。それは，一般的には道徳教育の推進体制や全体計画，年間指導計画等が考えられる。ここでは，A市立B中学校の取組を手掛かりにしながら，それらの意義について考えてみよう。

(1) 道徳教育推進教師を中心とした指導体制の整備

中学校学習指導要領（第1章第4の3（1）の前段）においては，「道徳教育の全体計画を作成し，校長の方針の下に，道徳教育の推進を主に担当する教師（以下「道徳教育推進教師」という。）を中心に，全教師が協力して道徳教育を展開すること」（文部科学省，2015a）と示されている。

B中学校でも，校長が道徳教育の方針を明確に示し，全教師が道徳教育の重点や推進すべき方向について共通に理解した上で，道徳の授業研究や授業実践を行ってきた。そして，それらを推進する上で核となったのが「道徳教育推進教師」のK教諭である。一般に「道徳教育推進教師」に求められる役割は，「道徳教育の指導計画の作成に関すること」，「全教育活動における道徳教育の推進，充実に関すること」，「道徳科の充実と指導体制に関すること」，「道徳科の授業公開など家庭や地域社会との連携に関すること」，「道徳教育の研修の充実に関すること」（文部科学省，2015b）などである。K教諭は，その役割を推進していく一つの方法として自らの授業を公開したのだ。また，K教諭は，若手教員が研究授業するときには自身が先行してその授業を行い，その授業で

の気づきや留意点等を示し，事前授業を参観し，彼らに指導や助言を行ってきた。他にも，小中学校合同の道徳研修会を持ち，小中一貫した研究主題のもと共通の授業基盤づくりをしながら，道徳教育を推進しようと取り組んできたのである。

中学校にあっては，道徳授業の指導こそが同じ土俵に立って協働的に研究実践を進め，互いの授業力を高めていく貴重な場でもある。たとえば，他の教師との協力的な指導，魅力的な教材の開発，学習指導案の作成・検討，授業の評価等が日々の協働的な教育実践のなかにしっかりと根付くような組織づくり，場づくりが求められる。K教諭が身をもって示した道徳授業への姿勢は，B中学校における道徳教育研究の大きな推進力の一つになったであろうことは，他の先生方の取組の様子から窺い知ることができた。道徳教育を充実させていく上で，「道徳教育推進教師」はキーパーソンであり，推進教師を中心とした体制づくりは欠くことができないように思われる。

(2) 道徳教育の全体計画と年間指導計画

道徳教育の推進を具体化する一つの見取り図が全体計画と年間指導計画である。中学校学習指導要領解説には，道徳教育の全体計画については，「学校における道徳教育の基本的な方針を示すとともに，学校の教育活動全体を通して，道徳教育の目標を達成するための方策を総合的に示した教育計画」（文部科学省，2015b）と示されている。

B中学校の全体計画においても，関係法規や社会的な要請，学校や地域社会の実情，生徒の実態等を踏まえ，学校教育目標をもとに道徳教育の目標が設定されている。それを受け，「自己を見つめ，自己の向上が図れるように自尊感情を育てる」等の道徳教育の重点目標が置かれている。それを実現するために「どのようなことに重点的に取り組むのか，各教育活動はどのような役割を分担し関連を図るのか，家庭や地域社会との連携をどう進めていくのかなど」（文部科学省，2015b）も詳細に示されている。他にも，道徳教育についての取組や他の領域等と関連性が構造的に示されている。また，他校種との連携についても見て取ることができる。しかし，それが各々の教育活動に具体化され，浸透していくためにはさらなる創意工夫が必要になってくると思われる。その

ため，今回改正された小・中学校学習指導要領では，別葉の策定が求められている。

別葉では，教育活動全体で取り組む道徳教育を実質的に充実させる観点から，各教科等の目標や，内容や教材等において，道徳科の内容項目とどのようなかかわりがあるのかをまずは明確にしておくことが必要になる。例えば，B中学校の１年生で行われる「自然教室」であれば，「２－（３）」「４－（４）」等の内容項目と関連していると，別葉には示されている。このように各教科等に教科の目標や内容，また特別活動における学校行事等と道徳科の内容項目とのかかわりを作成すれば，教育活動全体を通じて行なう指導の道筋が明らかになってくるのである。

紙面の関係でそれらを詳細に紹介することはできないが，たとえば，『私たちの道徳　中学校　活用のための指導資料』（文部科学省，2014）には，全体計画や全体計画別葉の例等が明示されており，今後の実践に参考になると思われる。

全体計画が学校の教育活動全体を通じて行なう道徳教育の計画であるのに対して，道徳授業の具体を示したのが年間指導計画である。B中学校も道徳の年間指導計画を，道徳教育推進教師であるK教諭を中心に検討が行われ，作成されている。たとえば，B中学校の第３学年の10月31日には，「弱さを克服しよう」の主題のもとに，資料「二人の弟子」を用いて，「自己の弱さと醜さに向き合い，それを克服することで誇りある生き方に近づこうとする態度を育てる３－（３）」というねらいを設定して，授業を行うこと等が明記されている。そして，他授業も，週ごとに配列されている。他にも，主題構成の理由，学習指導過程と指導方法等も示されるとより充実すると考えられる。

ちなみに，「道徳教育に係る評価等の在り方に関する専門家会議」（第７回）資料１では，「質の高い多様な指導方法の展開に必要な条件」の一つとして，「各学校の特色や教育課題を生かした学校主体のカリキュラム・マネジメント」（文部科学省，2015d）の重要性が指摘されている。今後，道徳科を学校教育における真の「要（かなめ）」とするために，このような視点を確立することも求められるであろう。

(3) 道徳授業の充実のために

あらためて現在，B中学校のように校長の方針の下に，全教師が協力して道徳教育を展開するために，道徳教育推進教師が中心とした実働的な推進体制づくりが求められている。そしてさらには，共通理解をしっかり踏まえ，創意工夫ある指導や魅力的な教材の開発や活用について，学習指導案の作成や模擬授業の実施等，互いの力量を高め合う実践的で協働的に切磋琢磨する校内研修の場が計画的，発展的に位置づけられる必要がある。

B中学校では，全体計画と年間指導計画の下に道徳教育を推進し，道徳授業を充実させるために，それらに基づいて計画的に授業が行われ，校内研修で共通理解を図りながら，K教諭の授業研究が行われてきたのである。

6．まとめにかえて―教員の力量形成としての道徳研究とは―

今回，小・中学校学習指導要領の一部改正が行われ，教員の指導力向上のために，教員養成や研修の充実等も今後の検討課題となっている（文部科学省，2015c）。「重要な役割を担っているのは道徳科の指導を直接に行っている教壇に立つ一人一人の教師」（文部科学省，2015d）だからである。道徳科の特性を踏まえた指導について改善・充実を図るために「教師の力量と創意工夫ある実践が試されている」（谷田，2015）との指摘にもあるように，「道徳科」として位置づけられたことをpositiveに捉え，多くの学校において教師の力量を高める契機のひとつにすることも可能であろう。子どもたちの道徳性を養うには，特別の教科「道徳」になっても，教師の実践的指導力はその前提となる。

その前提である実践的指導力を身につけるためには，どのように実践を積み重ねていくかということが求められるのであろう。なぜなら，「支離滅裂な実践をいくら積み重ねたとしても，タクトは習得され得ない」（徳永，1996）からである。

K教諭の提案授業に基づいて考えてみると，これまで実践的に獲得されてきた従来の「授業観」をとりあえず括弧に入れて，新たに枠組みを変えて授業実践を試みたことで，新たな学びが生起していることがわかる。ただ，ふだん「見てはいるけれど気づいていないもの」（中原，2015），実践を重ねているけ

れども「そこ」から何を学んでいるか気づけていないものが日常の授業実践にはあるだろう。毎日，参観し合う研修の場があれば理想的かもしれないが，その場が機械的に提供されても，新たな学びがあるとは限らない。日々の授業実践のなかでの課題や学びに気づき，いかに意識化され，次時に活かせるか。自身の実践から学びを深化させるか，それは一人ひとりの教師の着眼点にかかっている。教師自身が，鳥瞰的な視点をもち，生徒や教師，外部人材や外部環境とのかかわりのなかで，自分を相対化するなかで気づいた差異をpositiveに，そして寛容の精神をもってどこまで受け止められるかにもよるのかもしれない。新しい視点は，自身の教育的営みを自明視しなければ，遠い世界ではなくとも，日常のなかにも埋め込まれているはずである。

　ただ，K教諭が，これらのことに気づけた背景には以下のことが要因になっていることも見逃してはならないことだ。それは，良質の教材を活用したこと，教材解釈を十分に行っていたこと，そして，ねらいに応じた授業構成になっていたことである。つまり，しっかりした授業準備が行われた上で，授業が成立していたことが条件となっている。そこに新しい視点が生まれる要素がある。

　授業の成否は，「教師」にかかっていると言える。「子どもの動きを敏感に感じ取りながら，予測不可能な子どもの反応にも臨機応変に適切に対応しうる能力」（徳永，1996）としての「教育的タクト」が求められているのだ。ただ，瞬間瞬間を的確に受け止めることは容易ならざることであることは推測できよう。しかしながら，その難しさを追究する過程で，ワクワクしたものに出合える瞬間がある。それが，授業の面白さであり，醍醐味を感じるところでもある。さらには，教師と生徒との基盤的なやりとりのなかで，生徒どうしの対話のなかで「考える道徳」を視野に入れていく必要もある。

　道徳の時間を，「生徒と教師とが，資料の筆者や資料中の主人公の生き方をもとに，人間としての生き方を，共に考え，共に語り合い，共に求めていく時間である」（牧野，2008）と仮定した場合，教師は児童生徒と向き合い，語り合い，対話（議論）することが求められる。そのとき「教師」は，教科内容を説明したり，教授したりする立場ではなく，同じ地平で「生き方を考え語る」存在にもなるのである。とすれば，他教科等の授業よりも生徒理解や対話力等の実践的指導力が求められると考えられる。そして，その実践的指導力は，教

科指導の基盤になるもので，他教科にも汎用可能であると思われる。

　今回は，たった一つの授業ではあったけれど，それを通して，K教諭の学びの一端を記述することはできた。マクロなことではないが，授業をこうしたミクロの視点から丹念に捉えてみた。私たちが，日頃の教育実践で見失っていることも多い。しかし，学ぶ材料は，教師のまなざし一つで日常のなかにふんだんにあるのだ。本稿は，あくまでもその一断面にしか過ぎない。また，研修会やコーディネーターの役割にも触れられなかった。引き続き「道徳の授業」と磁場を丹念に見つめ，「教員の力量形成」にとって生み出される可能性については，筆者の研究課題としたい。

●引用・参考文献

中央教育審議会（2012）．教職生活の全体を通じた教員の資質能力の総合的な向上方策について（答申）
藤岡完治（1999）．授業における子ども理解　藤岡完治・澤本和子（編）　授業で成長する教師　ぎょうせい
兵庫県教育委員会（2011）．兵庫県道徳副読本　心かがやく
兵庫県教育委員会（2014）．「道徳の時間」の充実のために
牧野禎夫（2008）．道徳の時間の充実を期して（未公表）
文部科学省（2014）．私たちの道徳　中学校　活用のための指導資料
文部科学省（2015a）．中学校学習指導要領
文部科学省（2015b）．中学校学習指導要領解説　総則編（抄）
文部科学省（2015c）．パンフレット道徳教育の抜本的改善・充実
文部科学省（2015d）．道徳教育に係る評価等の在り方に関する専門家会議（第7回）における資料1
中原　淳（監修）（2015）．教師の学びを科学する──データから見える若手の育成と熟達モデル──　北大路書房
島田　希（2011）．現職教師の成長とその契機　高谷哲也（編）　教師の仕事と求められる力量──新たな時代への対応と教師研究の知見から──　あいり出版
鈴木晶子（2011）．教育文化論特論　放送大学教育振興会
高久清吉（1978）．教育実践の原理　共同出版
谷田増幸（2015）．「特別の教科道徳」の特質　中等教育資料 6月号　文部科学省
德永正直（1996）．タクトの学習可能性について　和田修二（編）　教育的日常の再構築　玉川大学出版部
山崎準二（2012）．教師の発達と力量形成　創風社

吉本　均（1989）.授業展開のタクトをとる　明治図書

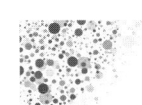

人名索引

●ア行
アーペル（Apel, K.-O.） 27
アドルノ（Adorno, T.） 50
アリストテレス（Aristoteles） 34
アレント（Arendt, H.） 81
ウィトゲンシュタイン（Wittgenstein, L. von） 7, 61
上野千鶴子 24

●カ行
ガーゲン（Gergen, K.J.） 25, 26
唐澤富太郎 136
カント（Kant, I.） 20, 35, 48
コールバーグ（Kohlberg, L.） 56, 165

●サ行
齋藤純一 28
ジルー（Giroux, H.A.） 31
セルマン（Selman, R.） 56

●タ行
田中正造 139

●ナ行
テイラー（Taylor, C.） 37, 48
デューイ（Dewey, J.） 83

西周 77

●ハ行
ハーバーマス（Habermas, J.） 19, 22, 37, 50, 61, 70, 78, 166
バトラー（Butler, J.P.） 24
ヒース（Heath, J.） 68
ヘーゲル（Hegel, G.W.F） 48
ポッター（Potter, V.R.） 119
ホネット（Horneth, A.） 56

●マ行
マッカーシー（McCarthy, T.） 38
ミード（Mead, G.H.） 56
ムーア（Moore, G.E.） 155
ムフ（Mouffe, C.） 28, 82
森有礼 92

事項索引

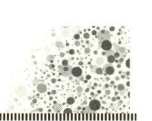

●あ行

新しい公共　75

●か行

価値多元化社会　41
価値の明確化　163
規範構造　10, 12, 56
教育基本法　95, 98, 136
教育的タクト　199
教育ニ関スル勅語（教育勅語）　92, 133
クインラン事件（カレン事件）　121
ゲストティーチャー　110
言語活動　112
言語ゲーム論　7, 62
言語論的転回　51
合意　27, 80, 81, 179, 183
公共性　75, 76, 78, 81
公的なもの　83
公共の精神　75, 86, 99
高校道徳　174
心のノート　99
コミュニケーション的行為　19, 38, 39, 44
コミュニケーション的理性　50
コミュニケーション・ルールの学習　166
コミュニタリアニズム　47

●さ行

参加民主主義　84
自然主義的誤謬　155
指導計画　195

指導体制　195
市民的公共性　78
社会構成主義　24, 26
修身　91, 133
授業リフレクション　192
承認論　48, 80, 56
心情主義　132, 163
真理の合意説　24
生活形式　8, 49
生活世界　37
生命倫理　117
全体計画　111, 196
全面・教科主義　102
全面主義　96
全面・特設主義　96
戦略的行為　40
相関作用（トランザクション）　83
総合単元的道徳学習　110, 170

●た行

体験活動　110
地域教材　110
伝記　132
討議（ディクルス）　22, 38
討議型道徳授業　179
討議原則（D原則）　23, 44
闘技的民主主義　82
討議民主主義　79
討議倫理　70
討議倫理学　22, 37
道具的理性　50
道徳科における評価　151

道徳教育推進教師　111, 174, 186, 195
道徳性　105, 148, 163
道徳的価値　105, 118, 127, 160, 161
道徳的実践力　97, 99, 103, 163
道徳のアポリア　20, 21
道徳の時間　96, 145
特別の教科　道徳　100, 145

●な行
内容項目　106, 161, 175
年間指導計画　111, 169, 196

●は行
バイオエシックス　119

ヒュームの法則　155
普遍化原則（U）　44
ヘルバルト学派　134

●ま行
モラルジレンマ授業　165
モラル・スキル・トレーニング　167
問題解決型の授業　168

●ら行
ラディカル・デモクラシー　28, 82
ラディカル・フェミニズム　83
リベラリズム　47
ローテーション授業　186, 194

あとがき

　"あとがき"を私的なことから始めることをお許し願いたい。編者のひとり渡邉満は2016年3月末を持って現在勤務している岡山大学大学院教育学研究科（教職大学院）と兵庫教育大学大学院連合学校教育学研究科（博士課程）を定年退職する。ところが，その最後の年になって，わが国の学校における道徳教育の要とされる「道徳の時間」が教科となることがきまり，これまでの学校の道徳教育が大きく転回する可能性がでてきた。懇談会や中教審における諸議論には，これまでのわが国の道徳教育，特に道徳授業の批判的検討が含まれていた。そこでの議論は筆者と兵庫教育大学及び岡山大学のゼミ生たちが24年間，ほぼ四半世紀の間大学院において取り組んできた課題とほぼ重なる。しかも，批判的に議論するだけでなく時代の大きな変化のなかでこれから求められる道徳教育と道徳授業を理論的に，そして実践的にも追求してきたつもりである。そこで，筆者の若い友人たちとこれまでの両大学院でのゼミ生の諸君と相談をして，これを機会に是非そのあゆみを教科化によって道徳授業がどのように変わるのかと不安に思っている全国の学校の先生方に紹介し，参考にしてもらいたいと考え，本シリーズを企画することとなった次第である。

　兵庫教育大学では，生徒指導コースの道徳教育担当として，全国から研修にきていた現職教員院生と一緒に道徳教育研究，特に道徳の時間の授業づくりに取り組んだ。その際，それまでの教職課程の教育原理担当という立場ではなく，大学院教育学研究科の教師教育と教育学部の教員養成に取り組むことになるのだから，それまでとは違った教育研究と教育実践の視点が必要だろうと考えた。これからの自分の研究課題とその方向も定めなければならないが，いろいろ思案して，次の2つの課題に定まった。1つは，元々専攻していた教育哲学，特に教育思想史（ペスタロッチー［Pestalozzi, J.H.］の宗教思想と教育思想）の研究である。もう1つは，この大学での自分の担当分野である道徳教育の研究である。

　教育哲学研究では，直接その科目の講義はしないが，その研究が学校教育に生きてくるよう，その特色を横に置くのではなく，むしろ生かす道を探ろうと

考えた。そのためには，卒論『近代化と教育－アメリカ植民地時代のピューリタニズムの教育思想－』を書いてから，取り組み始めたペスタロッチー研究（修論『ペスタロッチーの自然思想と教育学』，博論『ペスタロッチー教育思想の宗教的基礎に関する研究』）もこれまでのような単なる偉大な教育者の思想解釈ではなく，ペスタロッチーが時代の課題と格闘する姿に視点を定めて近代という時代の大きな課題に位置づけて研究を行おうと考えた。そこで当時次々と翻訳書が刊行されていたハーバーマス（Habermas, J.）の近代問題への批判的視点である批判理論とその課題を克服しようとする「コミュニケーション的行為の理論」に関する研究に着手した。それと同時に，「コミュニケーション」がこれからの教育概念の見直しに積極的な意義を持つであろうと考えて，1972年に出版され，ドイツの学校教育と教育研究に大きな影響を与え，度々引用はされるがまだ翻訳がされていなかったモレンハウアー（Mollenhauer, K.）の『教育過程の理論』（*Theorien zum Erzihungsprozeß*）とマッシェライン（Masschelein, J.）の『コミュニケーション的行為と教育的行為』（*Kommunikatives Handeln und paedagogishes Handeln*, 1991）の翻訳に取り組むこととした。これはもう一つの課題である道徳教育研究にも役立った。

　もう一つの研究課題は，その道徳教育に取り組むことであるが，その際に，これまでのように人間や教育の理想性に説得力を求めるのではなく，学校現場の教師と児童生徒の課題に焦点を定めて，それらの課題の解決を志向することが最も現実的な説得力を生み出すのではないか，また学校現場や研修に来る教師たちもそれを望んでいるのではないかと考えた。着任したのが，生徒指導講座であり，当時深刻化しつつあった子どもたちの登校拒否，校内暴力，そしていじめ問題は避けて通れない課題であり，それらの課題に道徳教育の観点から取り組むことが必要だと思えた。それはこれまでの道徳的価値についての子どもたちによる思量解釈としての道徳の授業を考え直す上で重要な視点となった。

　兵庫教育大学に赴任して18年間取り組んできたのはこの2つの仕事であった。きわめて難解なハーバーマスの本を，院生と入門書を手引きにしながら繰り返し読み込んでいった。そこで得た思考の枠組を使ってこれまでの道徳授業の批判的分析を行った。そうして価値についての斟酌に終わることなく，子どもたちをエンパワーしていく道徳教育，子どもたちの道徳的な成長や発達に資する

あとがき

道徳教育，道徳授業という方向が見えてきた。

　学校現場から修士課程へ入学してくる現職教員にとって，この2年間の研修の成果となりうるのは，プライバタイゼーション（私事化）とも言われる生徒指導上の諸問題の背景にある子どもたちの社会性の課題を克服するための道徳性についての新たな捉え方であり，それを育てる新しい道徳の授業である。それを持ち帰ることは何よりの学校現場へのお土産となるであろう。それが本シリーズの第2巻と第3巻でハーバーマスのコミュニケーション的行為理論を共通のベースにしながら，各執筆者たちが取り組んでいることである。

　愛知の私学で10年，兵庫教育大学で18年，岡山大学で6年，多くの方々に支えられて仕事をしてくることができたが，広島大学の恩師，先輩そして仲間はもちろん，院生諸君や若い後輩たちから多くのことを学んできた。その，当時は若かった諸君が筆者の退職の記念にと本書の編集と執筆の労を執ってくれることとなった。第1巻はその方々が執筆してくれている。執筆いただいた方々に感謝申し上げたい。特に激務のなか"はしがき"を書いてくれた広島大学理事・副学長坂越正樹さんと編者となってくれた押谷由夫さん，小川哲哉君そして渡邊隆信君の四人の親しい友人たちに心から御礼を申し上げたい。兵庫教育大学時代に兵庫県内や近畿圏の多くの学校に出かけて道徳の授業づくりについてお話をさせていただいたが，その度に，「今日のお話を書いた本はないのですか」と問われた。本があれば読み返し理解を深めることができるからと言われたのだが，やっとそれが実現することになる。しかも理論書と実践書の3巻本という形で。

　最後になったが，出版事情の厳しいときに，本書を含む「特別の教科　道徳3巻シリーズ」の出版をお引き受けいただいた北大路書房の関一明さん，期限遅れの原稿を寛容を持って待っていただいた奥野浩之さんと細かな編集の作業を行っていただいた薄木敏之さんに心から御礼を申し上げたい。そして，これまでお世話になりっぱなしの皆様と家族に感謝し，これからもよろしくお願いしますという気持ちをお示ししたい。

2016年1月

編者のひとり　渡邉　満

【 シリーズ編者紹介 】

渡邉　満（わたなべ・みちる）
　1950 年　広島県に生まれる
　1979 年　広島大学大学院教育学研究科博士課程後期単位取得退学
　現　在　岡山大学大学院教育学研究科教授，兵庫教育大学名誉教授（博士：教育学）
　　　　　日本道徳教育方法学会会長
　〈主著・論文〉
　　近代教育の再構築　（共著）　福村出版　2002 年
　　生き生き「道徳の時間」（共編著）東京書籍　2002 年
　　新世紀・道徳教育の創造　（共著）　東信堂　2004 年
　　道徳の指導法　（共著）　玉川大学出版部　2005 年
　　道徳教育の可能性　（共著）　福村出版　2012 年
　　「いじめ問題」と道徳教育　ERP　2013 年
　　学校の道徳教育と道徳授業の可能性を拓く　教育哲学研究　第 112 号　2015 年

押谷由夫（おしたに・よしお）
　1952 年　滋賀県に生まれる
　1977 年　広島大学大学院教育学研究科博士課程後期中途退学
　現　在　昭和女子大学大学院教授，放送大学客員教授（博士：教育学）
　　　　　日本道徳教育学会会長，「小さな親切運動」本部顧問
　〈主著・論文〉
　　総合単元的道徳学習論の提唱　文溪堂　1995 年
　　新しい道徳教育の理念と方法　東洋館出版社　1999 年
　　「道徳の時間」成立過程に関する研究　東洋館出版社　2001 年
　　道徳性形成・徳育論　放送大学教育振興会　2011 年
　　道徳の時代がきた　（共編著）　教育出版　2013 年
　　教育の時代をつくる（共編著）教育出版　2014 年
　　新教科道徳はこうしたら面白い（共編著）図書文化社　2015 年

渡邊隆信（わたなべ・たかのぶ）
　　1967 年　兵庫県に生まれる
　　1996 年　広島大学大学院教育学研究科博士課程後期単位取得退学
　　現　　在　神戸大学大学院人間発達環境学研究科教授（博士：教育学）
〈主著・論文〉
　　教育コミュニケーション論―「関わり」から教育を問い直す―（共著）　北大路書房　2011 年
　　ドイツ　過去の克服と人間形成（共著）　昭和堂　2011 年
　　教員養成スタンダードに基づく教員の質保証―学生の自己成長を促す全学的学習支援体制の構築―（共編著）　ジアース教育新社　2012 年
　　教員養成と研修の高度化―教師教育モデルカリキュラムの開発にむけて―（共編著）　ジアース教育新社　2014 年
　　ドイツ自由学校共同体の研究―オーデンヴァルト校の日常生活史―　風間書房　2016 年

小川哲哉（おがわ・てつや）
　　1958 年　北海道に生まれる
　　2005 年　広島大学大学院教育学研究科教育人間科学専攻博士課程後期 修了
　　現　　在　茨城大学大学院教育学研究科教授（博士：教育学）
　　　　　　日本道徳教育方法学会理事，茨城県道徳教育推進委員会委員長
〈主著・論文〉
　　フリットナー民衆教育思想の研究―ドイツ青年運動から民衆教育運動へ―　青簡舎　2008 年
　　道徳教育の可能性―徳は教えられるか―（共著）　福村出版　2012 年
　　二つの学びが新生する公立学校―茨城町立青葉中学校の誕生―（共編著）　協同出版　2014 年
　　主体的な＜学び＞の理論と実践―「自律」と「自立」を目指す教育　青簡舎　2014 年

[執筆者一覧]　＊は本巻編者

シリーズ編者：渡邉　満，押谷由夫，渡邊隆信，小川哲哉

渡邉　満	岡山大学大学院教育学研究科	シリーズ刊行の辞，序章，あとがき
坂越　正樹	広島大学	はしがき
上地　完治	琉球大学教育学部	第1章
鈴木　篤	大分大学教育福祉科学部	第2章
丸橋　静香	島根大学教育学部	第3章
平田　仁胤	岡山大学大学院教育学研究科	第4章
野平　慎二	愛知教育大学教育学部	第5章
渡邊　隆信＊	神戸大学大学院人間発達環境学研究科	第6章
小林　万里子	福岡教育大学	第7章
青栁　路子	茨城大学大学院教育学研究科	第8章
大関　達也	兵庫教育大学大学院学校教育研究科	第9章
谷田　増幸	兵庫教育大学大学院学校教育研究科	第10章
堺　正之	福岡教育大学	第11章
小川　哲哉	茨城大学大学院教育学研究科	第12章
今川　美幸	兵庫県教育委員会	第13章

シリーズ「特別の教科　道徳」を考える　1
「特別の教科　道徳」が担う
グローバル化時代の道徳教育

| 2016年3月10日　初版第1刷印刷 | 定価はカバーに表示 |
| 2016年3月20日　初版第1刷発行 | してあります。 |

編　者　　渡　邉　　　満
　　　　　押　谷　由　夫
　　　　　渡　邊　隆　信
　　　　　小　川　哲　哉

発　行　所　　㈱北大路書房

〒603-8303 京都市北区紫野十二坊町12-8
　　　電　話　(075) 431-0361(代)
　　　F A X　(075) 431-9393
　　　振　替　01050-4-2083

Ⓒ2016　印刷・製本／亜細亜印刷(株)
検印省略　落丁・乱丁はお取り替えいたします。
ISBN978-4-7628-2922-2 Printed in Japan

・ JCOPY 〈㈳出版者著作権管理機構 委託出版物〉
本書の無断複写は著作権法上での例外を除き禁じられています。
複写される場合は，そのつど事前に，㈳出版者著作権管理機構
（電話 03-3513-6969,FAX 03-3513-6979,e-mail: info@jcopy.or.jp）
の許諾を得てください。